Jule Gatter-Klenk Gespräche mit **Lech Wałęsa**

Jule Gatter-Klenk

Vielleicht auf Knien, aber vorwärts!

Gespräche mit Lech Wałęsa

Mit einem Vorwort von Lech Wałęsa

2., aktualisierte und erweiterte Auflage

Athenäum

Für Jasiu

„Ich habe keine Zeit für Dich,
. . . warte noch ein wenig und werde groß,
dann wirst Du alles erfahren.“

CIP-Kurztitelaufnahme der Deutschen Bibliothek

Gatter-Klenk, Jule:
Vielleicht auf Knien, aber vorwärts! : Gespräche
mit Lech Wałęsa / Jule Gatter-Klenk. Mit e. Vorw.
von Lech Wałęsa. – 2., aktualisierte u. erw. Aufl. –
Königstein/Ts. : Athenäum, 1983.
ISBN 3-7610-8340-8
NE: Wałęsa, Lech:

Umschlaggestaltung: Design Team, München
Gesamtherstellung: Friedrich Pustet, Regensburg
Printed in Germany
ISBN 3-7610-8340-8

Inhalt

Vorwort

Ein Vorwort zu einem Buch zu schreiben, das von einem selbst handelt, ist nicht ganz einfach. Aber Pani Julia war die erste Journalistin auf der Werft, und das kann ihr keiner nehmen. Die Berichterstattung über das, was in Polen vorging, hat uns viel geholfen – wenn auch nicht alles stimmte, was da gesagt und geschrieben wurde. Um so wichtiger sind die Leute, die wirklich wissen, was geschah, wie und warum es geschah.
Natürlich schmeichelt es mir, ein Buch in Händen zu halten, das sich ausschließlich mit mir beschäftigt. Der hier wiedergegebene Inhalt meiner Gespräche mit der Autorin bedeutet aber nicht, daß ich die Bedeutung der Person Lech Wałęsa für die polnische Erneuerungsbewegung so hoch einschätze wie das andere tun. Ich habe oft gesagt – und das ist ein Wort aus der Bibel: „Lech Wałęsa ist nur ein elender Wurm dieser Erde, bedeutungslos, wenn es um das Schicksal unserer polnischen Nation geht."
Natürlich habe ich einiges riskiert, aber das taten andere ebenso. Was wir erreicht haben, war nur möglich, weil wir solidarisch zusammenstanden. Dieses und das Gefühl, daß wir unsere Rechte vertreten können, wenn wir nur zusammenhalten, ist der Grund, weshalb wir unseren unabhängigen, selbstverwalteten Gewerkschaften den Namen „Solidarität" gegeben haben. Wenn wir diese Solidarität je vergessen, werden wir untergehen. Bei unserer Solidarität geht es vor allem um die der Polen. Freunde in anderen Ländern können uns helfen, doch wir werden immer unsere eigenen, polnischen Ziele verfolgen.
Bei unserer Bewegung handelt es sich um eine Gewerkschaft. Andere gesellschaftliche Gruppen wie die Kirche, die Intellektuellen, das Komitee zur gesellschaftlichen Selbstverteidigung [KOR], ja sogar die Partei können uns unterstützen. Wir werden jeden guten Rat annehmen, doch wir werden immer eine Gewerkschaft bleiben. Eine Gewerkschaft muß für mich unpolitisch sein – in dem Sinne, daß sie sich nicht von einer Gruppe mit politischen Zielen dominieren läßt.
Wie ich von Anfang an gesagt habe, bin ich kein Politiker. Ich bin Gewerkschafter. Ich war vor 1978, bevor wir das Komitee für die Freien Gewerkschaften gründeten, Mitglied eines Betriebsrates. Ich habe gemerkt, daß man dort nichts verändern kann. Doch Polen brauchte eine Veränderung. Keine Veränderung in der Politik, sondern eine Veränderung im Verhältnis der Menschen zueinander. Daß

die alten Betriebsräte das nicht erreichen konnten, ist nicht die Schuld der Menschen, es ist die Schuld der Verhältnisse. Also muß man die Verhältnisse ändern. Die „Solidarität" ist angetreten, um genau dies zu tun. Politik soll uns dabei nicht interessieren.
Was wir erreichen wollen, ist, daß der Mensch wie ein Mensch leben kann. Daß die Polen ihre Probleme nicht gegeneinander, sondern miteinander lösen, wie sich das unter Landsleuten gehört.
Einiges haben wir schon erreicht – doch die Arbeit geht weiter. Gebe Gott, daß sie gelingt.
Die „Solidarität" soll eine Gewerkschaftsbewegung sein und bleiben, auch wenn man heute noch so oft behauptet, es sei schon Politik, was wir machen. Wenn die Vertretung der Interessen unserer Mitarbeiter und die Sorge um die Zufriedenheit der Menschen am Arbeitsplatz Politik ist, dann und nur dann ist das, was wir machen, Politik.
In diesem Sinne also ist dieses Buch kein politisches Buch, sondern ein Buch über ein kleines Kapitel der Arbeiterbewegung. Ein Kapitelchen aber, daß nach meiner Meinung für uns Polen besonders wichtig ist. Mögen sich also die Leser nicht daran stören, daß in ihm ständig der kleine Leszek Wałęsa aus Gdańsk vorkommt, dem Gott die Chance gab, ein wenig zum Wohl seiner Landsleute beizutragen – so, wie er es versteht.

Gdańsk, im Februar 1981 (Lech Wałęsa)

Die erste Nacht auf der Werft

Wen interessiert denn das, was wir hier machen?

„Ich bin über den Zaun gesprungen."
Fangen so Bewegungen an, die eine ganze Welt zwar nicht verändern, aber doch nachhaltig beeinflussen? Lenin fuhr in einem verplombten Zug, Mao schwamm durch einen Fluß, und Wałęsa springt über einen Zaun.
Ich weiß, daß das nicht reicht, also noch einmal von vorn, wie hat der Streik angefangen?
„Erst einmal viel zu früh. Unsere Bewegung war noch nicht vorbereitet. Doch da er nun einmal begonnen hatte, mußten wir in Aktion treten."
Und dann sprang er. Der Sprung allein aber war es nicht. Was in dieser Beschreibung fehlt, ist ein Lech Wałęsa, der die Initiative ergriff, um diesen Streik in die Bahnen zu lenken, in denen er dann weiterlief. Vielleicht wußte dieser Mann damals noch gar nicht, was er tat, welchen Stein er ins Rollen brachte und welche Rolle ihm in jenem Sommer zufallen sollte.
„Es war alles ganz einfach. Man brauchte uns nur Bescheid zu sagen, denn grundsätzlich waren wir vorbereitet. Es war klar, daß wir der Werft und den Leuten helfen wollten, als es dort richtig losging. Ein paar Freunde versuchten, mich reinzuschmuggeln, aber ich wurde dauernd überwacht. Als es nicht gelang, bin ich einfach über den Zaun gesprungen."

15. 8. 1980
Okkupation – so hört man in Danzig. Ein Wort mit bitterem Beigeschmack, gerade für polnische Ohren. Im Hotel sind alle nervös, vor allem die polnischen Angestellten. In ihren Stimmen schwingt ängstliche Erwartung mit. Doch weil sie mit den Hotelgästen deutsch, englisch oder schwedisch sprechen, können sie ihre Aufregung besser verbergen. So bleiben die Touristen jetzt noch von dem verschont, was sie später aus dem Land treiben wird. Danzig im August bleibt sehenswert, sie bekommen an der Bar noch ihren Wodka, essen Kaviar und Lachs gegen harte Devisen.
Ein Besetzungsstreik unter Ausschluß der Öffentlichkeit. Radio, Zeitungen, Fernsehen – sie alle schweigen die Danziger Ereignisse tot,

vorläufig noch. „Besetzungsstreik oder nicht", so sagt einer der Touristen, „unser Urlaubsprogramm wird davon Gott sei Dank nicht berührt. Und daß die Russen eingreifen, glaubt hier keiner."
Na bitte, da kann ich ja beruhigt sein und gehen – am besten auf die Werft.
Gibt es bei Ihnen einen Chef? – solche Fragen gewöhnt man sich in Polen an. Diesmal vor dem Werfttor. Es ist geschlossen. Davor eine polnische Fahne und zwei Männer. Meine Frage scheint ihnen gleichgültig zu sein, sie machen das Tor auf. Streik, denke ich, sie halten sich schon nicht mehr an Anweisungen, es hat sich was geändert.

Lech Wałęsa – können Sie das bitte buchstabieren?

In einem Haus, das eigentlich dem Werkschutz gehört, in einem Sessel, der eigentlich nur bei exklusiven Werftkonferenzen benutzt werden durfte, sitzt oder liegt – nein, hängt ein Mann.
Lenin für Arme, ist mein erster Gedanke.
Er wirkt müde, blickt mürrisch, nachdenklich, gelegentlich sogar etwas abwesend. Das alles aber fällt von ihm ab, mit einem Schlag, sobald er den Mund auftut. Dann hat man den Eindruck, er springt auf – doch bei genauerem Hinsehen liegt er noch immer hingegossen in seinem Sessel.
„Wen interessiert denn das, was wir hier machen?", sagt er. „Ich bin auf die Werft gekommen, als der Streik zusammenzubrechen drohte. Das ist ein erster Versuch, es gibt hier keinen anderen Menschen, der das könnte. Ich bin der Vorsitzende und wir werden bestimmt gute Arbeit leisten. Ich habe meine Erfahrungen von 1970."
„Wie heißen Sie?", frage ich diesen Ausbund an Selbstbewußtsein.
„Lech Wałęsa."
„Können Sie das bitte buchstabieren?"
Noch monatelang wird kein Mensch in der Lage sein, diesen Namen richtig auszusprechen. Nachrichtenagenturen und Zeitungen werden ihn falsch schreiben, Fernseh- und Rundfunksprecher werden sich die Zungen brechen. Das erste Merkmal dieses Mannes, das sich international einprägt: der kleine Revolutionär mit dem schwierigen Namen.
„Leszek", so sagt er, „merken Sie sich das – es ist einfacher."
Zu sagen gibt es nicht mehr viel in dieser Nacht – eigentlich fallen mir auch keine Fragen mehr ein. Die Verblüffung der Polen, daß dies alles überhaupt möglich ist, hat auch auf mich übergegriffen.

Streik August 1980

Jeden Morgen um 9.30 Ansprache an die Wartenden vor dem Tor

Als ich wieder am Tor bin, hat man sich dort besonnen, welche Pflichten der Bewacher eines polnischen, strategischen Objektes eigentlich hat. „Was wollen Sie hier? Journalisten sind auf Werften nicht zugelassen. Haben Sie eine Genehmigung?“ Ich drehe mich um, mache mich aus dem Staub und beschließe, innerhalb des Geländes zu bleiben. So wird mir morgen der Ärger des erneuten Eindringens erspart bleiben. Vielleicht wäre es gar kein Problem geworden, denn über die Schulter höre ich etwas gedämpft die letzte Frage: „ Sind Sie wenigstens aus der Bundesrepublik oder etwa aus der DDR?“

Die Rechnung für diese unbrüderliche Aufmüpfigkeit werden die Polen später präsentiert bekommen.

Der große Sitzungssaal liegt inzwischen im Halbdunkel.

„Was wollen Sie hier?“, zischt eine Frauenstimme, „sehen Sie nicht, daß die Leute endlich etwas schlafen können?“ Leszek schläft nicht. Wann er überhaupt schläft, wird mir bis zum Ende des Streiks ein Rätsel bleiben.

Ich versuche, mein Gespräch mit ihm fortzusetzen, er antwortet, macht dauernd geltend, daß er müde sei – und redet weiter. Ein Mensch, der sich offensichtlich bei Zwiegesprächen erholt und Spaß an Frage- und Antwortspielen hat. Interview kann man das nicht nennen, ganz abgesehen davon, daß dieses Wort ihn zu jenem Zeitpunkt noch sofort verstummen läßt.

„Welche Aussichten hat in diesem Land ein solcher Streik?“

„Mal sehen, ich habe ein sehr gutes Gefühl.“

„Sind Sie deshalb der Chef?“

„Vielleicht bin ich es gar nicht. Aber ich habe einen Trumpf in der Hand. Ich kenne mich hier aus. Vielleicht werde ich nicht an erster Stelle stehen, aber direkt hinter den leitenden Leuten. Ich werde allen über die Schulter gucken.“

„Haben Sie Familie?“

„Natürlich. Am 2. August wurde unser sechstes Kind geboren.“

„Mädchen oder Junge?“

„Ein Mädchen, das zweite Mädchen, Anna. Die ersten vier sind Jungs, prima Jungs. Jetzt sind die Mädchen dran. Ich hab' die Kleine noch gar nicht richtig gesehen.“

Also sechs Kinder; dann sagt er noch, daß er 36 sei, zwei Zimmer habe, erkundigt sich, ob Mineralwasser auf der Werft sei, fragt mich nach Polizeikontrollen, seine Frau heiße Danuta, französische

Zigaretten seien zu stark – mir dreht sich der Kopf, dieser Mann redet in zwei Sätzen über mindestens drei Themen.
„Haben Sie Angst?" –
„Nein, ich glaube an Gott."
Es gibt genug Ecken, um irgendwo in diesem Gebäude zu schlafen. Decken haben sie auch, Tee, Kaffee, Tomatenbrote, und im Gegensatz zum Hotel herrscht hier weniger Angst. Man kann gut schlafen auf der Werft.
Am nächsten Morgen kommt einer mit den neuesten Zeitungen – wieder nichts über den Streik, nur ein Aufruf des Danziger Parteichefs: „Allein Ruhe, Ordnung und Arbeit können Polen aus der Krise herausführen."
Gegen sieben kommen die ersten Angehörigen der Streikenden ans Tor. Vorbei an großen Milchkannen, abgeliefert von Bauern, die Solidarität empfinden. Butterbrote, Gemüse, mal eine Wurst wechseln von hüben nach drüben. Die ersten Tränen, „wir wissen nichts, wie geht es weiter?"
Ein alter Mann mit einem Fahrrad zwängt sich durch das spaltbreit geöffnete Tor. Unter dem Applaus von außen und innen schiebt er sein mit Lebensmitteln bepacktes Gefährt auf die Werft. Peinlich, ihn zu kontrollieren – aber er sagt nur „Solidarität!" – plötzlich ist es nicht mehr peinlich.
Leszek sitzt im „Glaskasten", im kleinen Sitzungssaal mit riesigen Fenstern, dem Aufenthaltsraum der Streikleitung.
„Woher kommt diese Unterstützung? Warum sind Sie so populär?"
„Das kannst du nicht verstehen, was? Ich rede zu den Leuten. Ich habe schließlich 21 Jahre mit ihnen und unter ihnen gearbeitet. Ich habe ein Gespür dafür, was sie brauchen und was sie wollen. Ich reagiere schnell und habe Glück, ach, ich weiß nicht, was ich habe."
„Impulsivität vielleicht?"
„Nein! Ich bin ehrlich. Ich geh' jetzt zu den Leuten, da kannst du ja zuhören."

18. 8. 80
„Es gibt nur eine Hilfe, die ihr leisten könnt: aushalten! Noch ein paar Stunden aushalten. Und noch etwas: wir dürfen uns jetzt nicht zersplittern. Wir müssen einig sein. Jetzt ist noch nicht die Zeit gekommen, daß wir uns gegenseitig Vorwürfe machen oder uns unsere enttäuschten Gesichter zeigen. Wir wollen einig sein, einander verge-

ben – wirklich auf Knien, aber vorwärts. Nur gemeinsam können wir unser Ziel durchsetzen. Es ist uns nur wenig Zeit geblieben, aber jetzt wird alles gut. Doch nur, wenn wir uns einig sind, gemeinsam gehen und uns nicht streiten, dann können wir etwas erreichen. Wenn wir anfangen zu streiten, werden wir verlieren. Soviel Mühe, so viele Entsagungen dürfen nicht umsonst gewesen sein. Und noch etwas: es gibt keine Starken und keine Schwachen. Was ist schon ein Knüppel, die Miliz oder ein Gefängnis? Das alles sagt uns nichts! Also wer ist dann gegen uns? Wir siegen, hört ihr – wir siegen!
Wir singen jetzt eine Strophe von ‚Gott mit Polen'. Da wir mit Gott angefangen haben, werden wir weiterhin mit Gott gehen."

Gott, der Du Polen
durch so viele Jahre
mit dem Licht von Macht und Ruhm umgeben hast,
mit dem Schild Deiner Obhut behütet hast
vor allem Unglück, das Polen niederdrücken wollte,
vor deine Altäre tragen wir unser Flehen,
Herr, gib uns unser freies Vaterland zurück. –

Diese Version des alten Kirchenliedes stammt aus der Zeit der polnischen Teilung. In den 50er Jahren einigten sich dann Kirche und Staat, daß die letzte Zeile wohl nicht so ganz in die politische Realität Polens passe. Also dichtete man um. Das Ergebnis: „Herr, segne unser freies Vaterland." Auf der Werft aber sang man wieder die Fassung aus der Zeit der polnischen Teilung.

Die Frauen vor dem Tor

Nicht teilen, sondern vereinigen. Gemeinsam vorwärts, sonst verlieren wir.

Auch während eines Streiks entwickelt sich so etwas wie ein geordneter Tagesablauf. Gäbe es nicht die anhaltende Spannung, könnte man fast von einem alltäglichen Leben sprechen. Die Organisation wird immer besser: morgens kommen die Zeitungen und Lebensmittellieferungen, Essensmarken mit Streikstempeln sind inzwischen gedruckt. Die Streikleitung hat einen Schichtdienst ausgearbeitet, Lautsprecheranlagen sind installiert, Ein- und Ausgangskontrollen funktionieren. Ein Alkoholverbot ist von der Streikleitung erlassen worden, die Versorgungspakete der Familien werden kontrolliert.

Soviel Organisation – nicht mir allein schießt der Gedanke an ein „polnisches Wunder" durch den Kopf. „Wenn die Wirtschaft so gut organisiert wäre wie dieser Streik, dann hätten wir überhaupt keine Probleme." Vor dem Tor höre ich solche Äußerungen.

Findet sich mal ein Fläschen Wodka in einer der Plastiktüten oder Einkaufstaschen, dann schütten die Posten das „Wässerchen", wie es polnisch heißt, demonstrativ in den nächsten Gulli. So mancher Arbeiter, den ich in den ersten Tagen an seiner roten Nase, verquollenen Augen und ungesunder Hautfarbe wiedererkannte, erschien mir am Ende des Streiks verjüngt, gestrafft und gesünder. Der Streik und die Versorgung auf der Werft taten manchem so gut wie ein Urlaub.

Am Tor 2 hängt inzwischen das Bild des Papstes, die ersten Blumen werden daneben arrangiert – in besonders gefährlichen Momenten ähnelt das Tor dem Eingang zu einer Gruft. Es ist die einzige Verbindung zur Außenwelt, seit Tagen sind hier Tausende eingeschlossen, natürlich freiwillig, aber in ihrer Entschlossenheit unbeirrbar. Viele Beobachter werden sich am Ende das Mäntelchen der Heldenhaftigkeit umhängen – ich bekomme Angst.

Jeden Morgen gegen neun nimmt die Menge vor dem Tor zu. Nachts stehen hier nur ein paar Verlorene, gegen fünf kommen die ersten Frauen, doch gegen neun sind es schon hunderte.

Von neun bis halb zehn tagt die Streikleitung. Und dann kommt Leszek zum Tor. Jeden Morgen, mal zu Fuß, mal mit einem Elektrokarren. Am Anfang reicht ihm noch eine Kiste als Podest für seine Ansprachen, die Zuhörer drängen sich noch nicht zu sehr, fast jeder

kann ihn durch die Gitterstäbe sehen. Bald jedoch muß er auf einen Wagen klettern, die Menge wächst immer mehr, sie kann ihn nicht mehr sehen, und auch um ihn zu sehen, sind sie doch alle hergekommen.
Leszek informiert sie, gibt die Stimmung wieder, die drinnen herrscht, tröstet, ermutigt, provoziert und redet, redet, redet. Er ist krank, eine Erkältung, und Antibiotika helfen nicht. Seine Stimme will er eigentlich schonen, denn vielleicht braucht er sie doch noch eines Tages zu Verhandlungen. Am Anfang denkt er meistens noch daran und beginnt leise auf die Menschenmenge am Tor einzureden, dann jedoch vergißt er seinen Vorsatz und läßt sich von ihrer Begeisterung mitreißen. Jeden Tag, um halb zehn.
Die Regierung ist nicht untätig. Sie kennt die Stunde seines Auftritts. Zunächst ein wahnsinniges Dröhnen und Rattern und Angst in allen Gesichtern vor dem Tor. Dann regnet es Flugblätter: „Bewahrt Ruhe, es wird alles besser, nehmt eure Arbeit wieder auf!“
„Propaganda, nichts als Propaganda“, sagt Wałęsa, fängt einen der Zettel auf und zerreißt ihn demonstrativ mit hochgehobenen Händen. In diesem Augenblick höre ich zum ersten Mal das hundertstimmige Stakkato: „Leszek, Leszek, Leszek!“

18. 8. 1980
„Bis zu diesem Tag haben sich ungefähr 40 Betriebe dem Streik angeschlossen. Wir haben eine Kommission gebildet und wollen verhandeln, aber mit uns spricht ja niemand. Kein einziger der 40 Betriebe, die ihre Delegation zu uns geschickt haben, wird aus eigener Machtvollkommenheit den Streik beenden, ohne sich mit unserer Kommission abgesprochen zu haben. Jetzt sind wir 40mal so stark – jetzt sind wir eine Macht!
Noch einmal: Nicht teilen, sondern vereinigen. Gemeinsam vorwärts, sonst verlieren wir. Verschiebt doch alle Streitigkeiten einfach auf später. Zusammen, gemeinsam, auf Knien – aber vorwärts! Wir siegen! Und damit wir ganz sicher siegen, bitte, singt jetzt mit mir die polnische Nationalhymne, für unser Vaterland:

‚Noch ist Polen nicht verloren,
solange wir leben.
Was uns die fremde Macht genommen,
holen wir mit dem Schwerte zurück.

Marschier', marschier' Dabrowski,
von Italien nach Polen,
unter deiner Führung werden wir uns mit dem Volk vereinen.'"

Ein polnisches, ein patriotisches und ein kämpferisches Lied. 1797, in Paris, schrieb der polnische Adlige Józef Wybicki diesen aufrüttelnden Text. Durch die Teilung Polens war er aus seinem Land vertrieben worden, wie so viele andere mit ihm. Der polnische Heerführer Dabrowski, von dem in diesem Lied die Rede ist, befehligte in Italien die polnischen Legionen in der Armee Bonapartes. Diese aus Polen emigrierten Soldaten, Veteranen aus den verschiedenen Aufständen gegen die Russen, vertrauten auf das Versprechen Napoleons, er werde den polnischen Staat wiederherstellen. – Doch der spätere Kaiser der Franzosen hatte niemals vor, seine Zusage einzulösen. Das Lied wurde sehr schnell zum populärsten polnischen Kampfgesang. Als Polen nach dem Ersten Weltkrieg seine staatliche Existenz zurückgewonnen hatte, gab es keinen Zweifel daran, wie die Nationalhymne lauten sollte: Jeszcze Polska nie zgineła ... Noch ist Polen nicht verloren ...

Zusammen mit Leszek haste ich zurück zum Hauptquartier des Streikkomitees. Es ist für mich schwer, mit ihm Schritt zu halten, immer mehr Fotoreporter stolpern und drängeln mit. Er hat sich daran gewöhnt, zuerst widerstrebend, dann von Tag zu Tag mehr. Ich glaube, er fängt an, die neue Situation zu genießen. Ich frage ihn noch einmal, wie sein Einfluß auf die Leute vor dem Tor zu erklären sei.

„Das sind Polen, ich bin Pole. Ihr versteht das nicht. Arbeite du weiter, verdiene deine Dollars. Die anderen, die hier mit ihren Kameras blitzen meinetwegen auch – aber verstehen werdet ihr uns nie."

Der Gedanke, daß sich die Vertreter der Weltpresse vor allem aus Geldgier für die Ereignisse auf der Danziger Werft interessieren, wird bei Wałęsa schon nach wenigen Tagen zur fixen Idee. Aber selbst in seiner Aggressivität strahlt er noch ehrliche Ungezwungenheit aus. Später wird er noch manchem Reporter ins Messer laufen, auf törichte Fragen ebenso naive Antworten geben – wie unklug, werden viele sagen. In diesen Tagen aber zeigt er noch überwiegend eine direkte, wache und blitzschnelle Reaktionsfähigkeit. Plötzlich erinnert mich Leszek in der Schnelligkeit, mit der er sich seinen Gesprächspartnern und der neuen, ungewohnten Situation anpaßt, an ein Chamäleon. Alle auf der Werft passen sich schnell an, mit jedem neuen Streiktag.

Inzwischen erscheint sogar eine Zeitung für die Streikenden. Sie heißt „Solidarität“ und wird von der „Freien Druckerei der Danziger Werft“ produziert. Darin heißt es, Danzig möge zwar von der übrigen Öffentlichkeit abgeschnitten sein, die Welt aber wisse Bescheid: „Das Interesse für das überbetriebliche Streikkomitee und damit für ein besseres Leben der Menschen in ganz Polen zeigt sich im Zustrom von Presse- und Fernsehjournalisten aus der ganzen Welt. Diejenigen von ihnen, denen man kein Akkreditierungsvisum gibt, kommen als Touristen in unser Land, um ihre Pflicht als Journalisten erfüllen zu können. Die ausführlichen Informationen, die seit zwei Wochen die ersten Seiten der führenden westlichen Zeitungen füllen, sind dank der Anwesenheit von mehr als 200 Journalisten möglich!“

Damit übertreiben die Streikenden ein wenig. Das gleicht einem Pfeifen im dunklen Keller, es macht ihnen Mut und denen, die das Informationsblatt draußen am Tor lesen. „Wenn alle wissen, was hier los ist, dann wagt doch wohl keiner . . .

. . . die können doch nicht vor den Augen der Weltöffentlichkeit . . .

. . . jetzt müssen sie verhandeln.“

„Glaubst du, daß dir die Presse hilft?“ – Ich habe den Eindruck, man muß Wałęsa immer im Gespräch halten, sonst ergeht er sich in revolutionären Posen und Siegesgehabe für die Knipser und Schubser mit ihren blitzenden Monstern. Leszek freut es offenbar, daß man sich im wahrsten Sinne des Wortes um ihn schlägt; daß die dabei geschwungenen Waffen japanische Photoapparate sind, macht diese ganzen Vorgänge für ihn noch komischer:

„Warum versuchen die denn, die Dinger zu zerschlagen? Wenn sie sie nicht mehr brauchen, dann sag’ ihnen doch, sie sollen sie auf dem Schwarzmarkt verkaufen und das Geld der Streikkasse spenden. Wer weiß, wie lange wir alle hier noch sitzen müssen – da brauchen wir Geld.“

Man muß Geduld haben, wenn man etwas von ihm erfahren will; man darf keine schwachen Nerven haben, muß zu einer Klette werden und darf die Stupidität dieser anonymen, süß-freundlichen Magnetophonstimmen nicht verachten, die bei so vielen Telephonanschlüssen dazu auffordern, zu warten . . . zu warten, bitte warten Sie.

Ich wiederhole meine Frage, wiederhole sie mehrfach, und irgendwann merkt er, daß ich noch da bin.

„Doch, die Presse hilft, und man sollte ja eigentlich dankbar sein. Aber gib mir doch mal eine Zeitung, in der mein Bild ist, dann glaube ich

Der Sitzungssaal des überbetrieblichen Streikkomitees

„Solidarność" – aus einer Kampfparole wird der Name einer Gewerkschaftsbewegung

dir. Ich weiß zum Beispiel überhaupt nicht, was ihr schreibt; vielleicht hat ja so mancher von euch auch ein Abzeichen unterm Kragen." – Spitzel unter dem Deckmantel der Presse, das ist es also, was er vermutet. Aber er wird deswegen nicht vorsichtiger oder weniger offen, nur ist er sich sehr genau bewußt, mit welchen Risiken er spielt. Warum er keine Pressekonferenzen abhält und sich keinen Pressesprecher besorgt, ist kaum zu verstehen. Ich erwähne, daß er damit den Leuten dort draußen helfen würde, sich selbst auch, weil Informationen per Mundpropaganda immer verstümmelt oder verzerrt an ihr Ziel gelangten, und daß vor allen Dingen dieses schreckliche Spekulieren aufhören müsse.

„Ich bin nicht die Regierung, ich bin Gewerkschaftsvertreter. Wir brauchen diesen Zauber nicht, die Leute wissen auch so Bescheid und kommen und warten. Warum? Geh doch hin und frag sie selbst. Das ist dein Beruf – ich mache hier einen Streik."

Solidarität, deshalb stehen wir hier. Mehr Brot und das heißt mehr Freiheit.

Ich folge seinem Rat, es wird ein mühsames und zähes Fragen. Tränen, Wut, Anklagen, manchmal auch Entschlossenheit – plötzlich aber Freude bei den Interviewten. Freude, weil Menschen gekommen sind, die sich für ihr Schicksal interessieren.

„Wo ist denn jetzt Gierek? Warum versteckt er sich in Warschau und kommt nicht auf die Werft? Vor 10 Jahren hat er hier gestanden und gesagt: ‚Wenn ihr mir helft, dann helfe ich euch!' – Alle hier haben gerufen: ‚Wir helfen!' – Und was hat er getan? Uns geht es schlechter als damals, wir haben ihm geglaubt. Wenn jetzt noch mal einer kommt, dann muß er sich schon was anderes einfallen lassen."

„Solidarität", sagt eine Frau, „haben Sie denn überhaupt eine Ahnung, was hier bei uns los ist? Wir brauchen Essen für unsere Kinder, für unsere Männer. So kann man nicht weiterleben. Mich werden Sie hier bis zum bitteren Ende finden."

Ein alter Mann, bereits im Ruhestand, hat sich den Streikenden draußen angeschlossen. „Seit sie drinnen sitzen, habe auch ich meinen Platz hier nicht verlassen. Von diesen Renten kann doch kein Mensch leben. Wir sind keine Halbstarken, wir alle sind Polen. Wir werden hier nichts kaputtschlagen, wir alle bleiben ruhig. Aber wir werden versuchen, unsere Forderungen durchzusetzen." Worum es geht, welche Forderungen sie meinen, wird mit einem Wortschwall aus mindestens 30 Kehlen beantwortet: „Höhere Löhne ... freie Gewerkschaften ... Rente ... Gerechtigkeit ... Fleisch ... politische Gefangene ... Wohnungen ... Sozialismus ja, aber nicht dieser ... Gleichheit für alle, und nicht nur für bestimmte Leute."

Die Menge der Lebensmittel, die durch das Tor gereicht werden, verblüfft. Man kann sich leicht ausrechnen, wie lange die Menschen dafür Schlange gestanden haben. Ob das Streikkomitee dies alles bestellt hat und es ihnen abkauft? Die Frauen sind über meine Frage empört und beginnen, an meinem Verständnis für ihr Handeln zu zweifeln. Die Nerven aller Beteiligten sind sehr angespannt. Wieso ich überhaupt polnisch könne, man sehe mich ja hier die ganze Zeit, warum ich denn hier herumschleiche und mir immer was aufschreibe? Einer der Streikposten rettet mich mit seiner Bemerkung, er habe mich auch beobachtet, ich ginge immer mit Leszek über die Werft, ich sei wohl seine Sekretärin. Herrschte eben noch Krieg zwischen den Frauen und mir, so bleibt uns jetzt kaum Zeit, miteinander Frieden zu schließen, sind wir doch beim Thema: der Solidarität der Frauen.

„Bitte, wenn Sie möchten, können Sie auch essen. In solchen Situationen muß man sich helfen. Wir machen das alles umsonst. Wir sind doch alle Polen und in einem Augenblick, wo es um polnische Interessen geht, zählt nur ein einziges Wort: Solidarität. Solidarität, ganz gleich, ob wir Milch bringen, Brot kaufen oder von morgens bis abends hier stehen."

„Wir haben keine eigene Wohnung und leben zu acht Personen in zwei Zimmern. Fleisch haben wir nicht, zu essen gibt es immer weniger – was haben wir denn noch zu verlieren?"

Während dies alles aus den Frauen heraussprudelt, stehen sie nahe am Zaun gedrängt, halten durch die Gitter hindurch die Hände ihrer streikenden Männer fest und würden am liebsten bei ihnen sein. Aber sie dürfen es nicht; sie könnten es auch nicht tun, denn seit ihre Männer diesen Kampf führen, müssen die Frauen die Familien allein ernähren. Das bedeutet: morgens um 5 aufstehen und sich in die Schlange einreihen; bis zum Arbeitsbeginn um 8 irgendetwas ergattert haben oder auch nicht. Die eigene Arbeit bis 4 Uhr durchstehen, dann noch eine Stunde Zeit für eine weitere Schlange aufbringen, für die Kinder kochen, mit zusätzlichem Es-

sen zur Werft gehen, dort gemeinsam warten und hoffen, und wieder nach Hause ins Bett bis morgens um 5. Aber die Frauen werden aushalten, solange wie ihre Männer auf der Werft – schlechter kann es ihnen allen ja nicht gehen.
Es fängt an zu regnen, ein Meer von Schirmen ragt über die Menge hinaus – alles wirkt grau in schwarz, nur die Blumen am Tor erhellen das Ganze ein wenig. Trotz der vielen Menschen ist es hier gespenstisch still. Nur die Stimme der Werft-Ausruferin und eine alte Lautsprecheranlage liefern einen quäkenden akustischen Hintergrund für diese Szene der Verzweiflung und Hoffnung, der Resignation und Entschlossenheit, – für das endgültige Ende oder einen neuen Anfang.
„Tadeusz Kowalski, bitte zum Tor 2, dort warten Frau und Kinder. Boguslaw Minek, bitte . . ."
„Angst?", so frage ich einfach in die Menge hinein.
„Nein, eigentlich nicht. Wir glauben, daß alle auf unserer Seite stehen. Die ganze Bevölkerung und inzwischen vielleicht auch schon die ganze Welt. Wir müssen nur aushalten und hoffen, daß die Miliz uns nicht angreift."
Angst? Dieselbe Frage stellte ich kurze Zeit später auch Lech Wałęsa.
„Nein, zu viel zu tun."
„Glaubst du, daß die Regierung mit euch verhandeln wird?"
„Ja, denn vorher wird der Streik nicht beendet. Hast du einen Pelz mit? Wir überwintern hier."
Heute abend will Gierek zur Bevölkerung sprechen, im Fernsehen.
„Das interessiert mich nicht, wir wollen freie Gewerkschaften, nichts sonst."

Warten auf der Werft

Wir werden das Gelände nicht verlassen, auch wir haben gelernt. Sie sollen zu uns kommen.

Streikzeitung „Solidarität“, Lied an die Tochter:

„Ich habe keine Zeit für Dich
und lang hat Mutter Dich nicht gesehen.
Warte noch ein wenig und werde groß,
dann wirst Du alles erfahren

von diesen Tagen, hoffnungsvoll
und voller Gespräche und heißer Debatten
und von den Nächten ohne Schlaf
und von unseren klopfenden Herzen.

Von den Menschen, die fühlten,
daß sie jetzt endlich gemeinsam Schulter an Schulter
um den heutigen Tag
und um unsre und Deine Zukunft kämpften.

Sei nicht traurig, warte geduldig,
bis wir Dich wieder in die Arme schließen
in unserem Haus, das es vorher nicht gab,
denn es war ein Haus ohne Glück.“

Die Arbeiter in ihren blauen Arbeitsanzügen reißen sich um die Streikzeitung, die inzwischen jeden Tag erscheint. Vier Seiten sind es meistens, ein quergefaltetes DIN A 4-Blatt, die Farbe noch feucht, viele Exemplare kaum lesbar. Hergestellt wird „Solidarität“ in einem winzigen Zimmer im Hauptgebäude des Streikkomitees. Die extremen Bedingungen, unter denen die „Freie Druckerei der Danziger Werft“ arbeitet, lassen eine Atmosphäre wie im Untergrund entstehen. An einer vorsintflutlichen Vervielfältigungsmaschine sind fünf junge Männer beschäftigt, die man auf den ersten Blick kaum erkennen kann, da die Druckerschwärze sich über ihre Gesichter, Hände, Arme und Arbeitsanzüge gleichmäßig verteilt hat. Einer arbeitet an den Matrizen, der andere gießt Flüssigkeit nach und verteilt sie; der nächste wiederum breitet ein Blatt, schon nicht mehr weiß zu nennen, darüber;

ein anderer fährt mit einer großen Rolle einmal hin, einmal zurück; der fünfte schließlich zieht das Blatt ab und hängt es zum Trocknen auf. Faszinierend und hilflos zugleich wirken solche Szenen, die entschlossene Verbissenheit, mit der fünf Werftarbeiter um die Information ihrer Kollegen besorgt sind. Auf den ersten drei Seiten werden die wichtigsten Ereignisse des letzten Tages, Briefe, Meldungen über Repressalien und Solidaritätsadressen bekanntgemacht. Die letzte Seite bleibt für die streikenden Arbeiter reserviert. Sie versuchen dort in spontanen Liedern oder Gedichten festzuhalten, was sie nach acht Tagen ihres Eingeschlossenseins auf der Werft empfinden. Nicht nur ihrer Sehnsucht, zu ihren Familien und Kindern zurückzukehren und ihrer Nervenanspannung geben sie auf dieser Seite Ausdruck; ihre Äußerungen sind vielmehr von Ironie und bissigem polnischen Humor durchsetzt:

Rezept nach polnischer Art

Man nehme das, was es nicht gibt,
gebe Salz und Kümmel dazu
und verrühre es mit dem,
was auf dem Markt nicht zu haben ist.

Man rühre lange und gründlich
und wenn es langweilig wird, höre man auf.
Dann streue man das darüber,
was wir uns nicht leisten können.

Man kann es backen oder braten,
man kann es auch grillen,
aber man muß es mit dem begießen,
wovon wir nicht einmal träumen können.

Alle bei uns essen davon,
und es reicht für jeden,
darauf beruht
das „Polnische Wirtschaftswunder".

Solche Streiklieder oder -gedichte sind nie namentlich gezeichnet; auf der Werft und vor dem Tor erfreuen sie sich einer ungeheuren Beliebtheit. Die Streikzeitung ist in der ganzen Stadt berühmt, nur ihre Auflage so niedrig, daß es beim Verteilen zu dramatischen Auseinandersetzungen kommt. Eine der brutalsten Szenen während des Streiks erlebte ich vor dem Tor, als ein Werftarbeiter eine Handvoll Exemplare über das Gitter warf. Die dichtgedrängt Wartenden reagierten mit Hysterie, ein regelrechter Kampf um die fliegenden Blätter brach aus, ein kleines Kind wurde beinahe erdrückt, die Leute schrieen um die Wette, und einige fingen sogar an zu weinen, als sie kein Blatt ergattern konnten. Nach acht Streiktagen wurden die Zeitungen bis zu 400 Złoty pro Stück auf dem Schwarzmarkt gehandelt.

Für meine Frau

Eine Frau stürzt zum Arzt,
– Herr Doktor, bitte untersuchen Sie mich! –
– Sie haben sich geirrt, ich bin Veterinär,
Menschen behandle ich nicht! –
– Aber ich fühle mich wie ein Tier:

Glauben Sie mir, wenn ich morgens aufstehe,
laufe ich im Haus herum wie eine verrückte Katze.
Zur Arbeit renn' ich wie ein Pferd, im Trab.
Wie ein Affe klammere ich mich am überfüllten Bus fest,
bin wie ein Esel ständig übermüdet
und beladen wie ein Kamel.
Wie ein Kaninchen starre ich
auf die Schlange vorm Fleischgeschäft;
wie eine Löwin verteidige ich meine Tugend,
wenn ich abends nach Hause komme.
Wenn ich einschlafe, flüstert zärtlich mein Mann:
rück zur Seite, Du Eule!
Vielleicht, Herr Doktor, können Sie mich mit einer Medizin
doch noch zum Menschen machen. –

Alle auf der Werft und vor dem Tor warten – das ganze Land wartet darauf, daß die Regierung endlich etwas unternimmt.
Leszek wartet ebenfalls, er wirkt matt und übermüdet, und seine Stimme klingt allmählich wie ein Krächzen, wenn er mit allen gemeinsam die polnische Nationalhymne anstimmt. Dennoch, tagaus tagein, ob bei Regen oder Sonne, er verzichtet nicht darauf, seine Ansprache zu halten:

„Wir haben bisher nicht eine unserer Forderungen aufgegeben, und wir werden das auch nicht tun. Wir haben allerdings die Regierung daran erinnert, daß wir noch da sind und daß wir weiter warten. Alles deutet darauf hin, daß die Verhandlungen heute anfangen. Das ist zwar nicht sicher, es hängt auch nicht von uns ab. Aber wir haben unsere Hand ausgestreckt und, wie gesagt – wir werden warten!
Wir haben noch ein technisches Problem: es streiken inzwischen über 400 Betriebe. Wir können die Delegationen hier einfach nicht mehr unterbringen. Wir nehmen sie als Mitglieder in unser Streikkomitee auf, aber bleibt ihr in euren Betrieben. Seid bitte nicht böse, aber wir haben wirklich keinen Platz mehr."

Hört auf, Euch bei uns zu entschuldigen.

Die Regierung befindet sich ebenfalls im Wartezustand. Zwar haben erste Kontakte stattgefunden, doch scheint der Faden danach erneut abgerissen. Gierek hat seine längst fällige Ansprache ans Volk gehalten. Nichts als Appelle und ein kleines bißchen Selbstkritik –, offensichtlich ein letzter Versuch, wenigstens noch die eigene Person zu retten:

„Verehrte Bürger, liebe Landsleute!
Die Ereignisse der letzten Wochen, insbesondere aber der letzten Tage, erfüllen uns alle mit tiefer Sorge. Die Arbeitsunterbrechungen in vielen Betrieben, die nacheinander in mehreren Regionen aufgetreten sind, stören den normalen Ablauf des Lebens, führen zur Desorganisation der Produktion und beschwören die Gefahr von Spannungen herauf. Heute fällt es uns schwer, alle Gründe aufzuzählen, die die gegenwärtigen wirtschaftlichen Probleme und die gesellschaftliche Unzufriedenheit hervorgerufen haben.
Ich möchte jedoch ganz offen sagen, daß wir uns dessen bewußt sind, daß neben vielen objektiven Faktoren Fehler in der Wirtschaftspolitik eine große Rolle gespielt haben. Auf vielen Gebieten klafften die Zielsetzungen der Partei nach dem Dezember 1970 und die Praxis weit auseinander. Wir haben dies nicht rechtzeitig genug erkannt, um dem entgegenwirken zu können. Wir müssen zur konsequenten Einhaltung der Beschlüsse des 6. Parteitages (Anfang 1971) zurückkehren, diese Wendung haben wir auch bereits vollzo-

gen. (. . .) Heute aber betrachten wir diese Schritte als nicht ausreichend. Wir gehen weiter. Vorschläge dazu werden in kurzer Zeit bei der Sitzung des Zentralkomitees vorgelegt werden.

Wir verstehen die Ermüdung und die Ungeduld in der Arbeiterschaft angesichts der Schwierigkeiten des täglichen Lebens, der Versorgungsmängel, der Schlangen vor den Geschäften, des Ansteigens der Lebenshaltungskosten, des gestörten Rhythmus der Material- und Rohstofflieferungen sowie des Mangels an Fortschritt in der Organisation und im gesellschaftlichen Leben. Aber Streiks wenden hier nichts zum Besseren. Im Gegenteil, sie verstärken nur noch die Schwierigkeiten in der Versorgung und der Produktion. Sie stören den normalen Ablauf im Leben der Bevölkerung. Wir müssen uns verständigen und gemeinsam einen anderen Ausweg finden. Uns hat schon immer Verständnis und gemeinsame Sorge um das Vaterland geeint. Ich appelliere an Ihren Patriotismus und Ihr Verantwortungsgefühl. Liebe Landsleute, es gibt jetzt in Polen viele Dinge, über die man diskutieren muß. Bereits jetzt kann man über den Charakter dieser Probleme streiten, über Lösungen, ja sogar darüber, wer dafür verantwortlich ist. Eins unterliegt jedoch keinem Zweifel. Polen braucht innere Ruhe. Ohne sie verlieren alle anderen Ziele ihre Bedeutung. Möge diese Wahrheit heute in das Bewußtsein aller Polen dringen.

Wir haben den Entschluß gefaßt, den diesjährigen Lohnfonds um viele Milliarden Złoty zu erhöhen, da uns die Notwendigkeit der Regulierung von Löhnen bei einigen Berufsgruppen bewußt ist. Wir wollen die Voraussetzungen schaffen, um die Effektivität der Wirtschaft zu erhöhen und schließlich die Forderungen einer Reihe von Belegschaften damit berücksichtigen.

Mit unserer ganzen Politik streben wir danach, das Realeinkommen der Bevölkerung zu sichern. Der einzige Weg, der zu diesem Ziel führt, ist eine gut funktionierende Wirtschaft und eine verbesserte Produktion. Auf manchen Gebieten erzielen wir jedoch aus verschiedenen Gründen nicht immer die gewünschten Ergebnisse. Außerdem mußte unsere Wirtschaft große Verluste hinnehmen. Das ist Resultat eines erhöhten Energie-, Brennstoff- und Rohstoffverbrauchs sowie einer mangelhaften Disziplin und einer geringen Qualität der Waren und noch anderer, sehr negativer Erscheinungen. Dies alles verringert gleichzeitig das Nationaleinkommen und mindert den Lebensstandard. Denn man kann nur das verteilen, was man erarbeitet hat. Es stellt sich daher die Frage, was in einer solchen Situation zu tun ist. Das

Politbüro unserer Partei ist zu verschiedenen Schlußfolgerungen gekommen, die ich erläutern möchte.

1. Wir haben beschlossen, eine genaue und sachliche Analyse der Lebenshaltungskosten einzelner Gruppen der Bevölkerung durchzuführen. Diese Untersuchung wird unabhängig voneinander durch die Regierung, die Gewerkschaft und wissenschaftliche Institute vorgenommen. Das Ergebnis wird von der Regierung berücksichtigt, wenn sie zusammen mit der Gewerkschaft Löhne, Renten, Altersbezüge und Stipendien festlegt. Seit Anfang Juli haben einige Berufsgruppen bereits Lohnerhöhungen erhalten. Nach und nach werden auch alle anderen diese Erhöhungen bekommen. Doch dieser Prozeß braucht Zeit.
2. Die Regierung führt mit aller Konsequenz ihren Beschluß über ein Einfrieren der Preise von Fleisch und Fleischprodukten bis zum Herbst nächsten Jahres durch.
3. Wir haben eine Verschärfung der Preiskontrollen beschlossen, und zwar für alle Artikel, die zur Grundversorgung der Arbeiterfamilien gehören. Eine Kommission wird eine Liste dieser Waren zusammenstellen. Dabei werden Vertreter der Regierung, der Gewerkschaften und der verschiedenen Berufsgruppen ein Mitspracherecht haben. Aufgrund des Mißbrauchs der Sonderrechte durch Betriebe und Industrievereinigungen haben wir beschlossen, daß nur die staatliche Preiskommission das Recht hat, die Preise für diese Artikel festzusetzen.
4. Vom kommenden Jahr an werden wir schrittweise die Kindergelder erhöhen. Die allgemeinen Lebensbedingungen sind eng mit der Versorgung des Marktes verbunden. Dieser Tatsache gehört unsere besondere Aufmerksamkeit. Was können wir auf diesem Gebiet unternehmen? Das wichtigste Problem ist die Versorgung mit Lebensmitteln, besonders mit Fleisch. Wir haben jedoch unter Berücksichtigung der Verhältnisse innerhalb der Landwirtschaft nicht die Möglichkeit, die Fleischlieferungen kurzfristig zu erhöhen. Wir wollen aber die Menge der Lieferungen durch zusätzlichen Import über das Niveau des Vorjahres hinaus anheben. Trotz der schwierigen Verhältnisse in der Landwirtschaft wird die Versorgung mit Mehl, Getreideerzeugnissen und Zucker sichergestellt. Lieferungen von Pflanzen- und Tierfetten werden erhöht. Der Verwendung von Getreideerzeugnissen zu Futterzwecken muß entgegengewirkt werden. (. . .)

Es geht im Grunde darum, eine harmonische Entwicklung der Volkswirtschaft sicherzustellen, eine Übereinstimmung von Plan und Realisierung zu erreichen, die wirtschaftliche Effektivität zu erhöhen, Initiativen und Qualifikationen von Kadern und Belegschaften optimal zu nutzen und Interessen einzelner mit denen der ganzen Nation zu verbinden. Klar gesagt: das verlangt sowohl eine vernünftige Zentralisierung als auch eine erhöhte Selbständigkeit und Verantwortung der Wojewodschaftsbehörden und Wirtschaftsunternehmen. Wir sind der Meinung, daß man die für diese Bereiche ausgearbeiteten Projekte noch in diesem Jahr verwirklichen sollte.
Das Politbüro ist sich bewußt, daß den Lebensbedingungen der Bevölkerung Priorität vor den allgemeinen Problemen der Wirtschaft eingeräumt werden muß. Gegenwärtig werden deshalb Änderungen im Plan für das nächste Jahr und im Fünfjahresplan notwendig sein.
Selbst in Konfliktsituationen bemühen wir uns darum, eine Lösung mittels Diskussion und Dialog, durch Kompromiß und Einigung zu erzielen. Das ist die einzige Methode. Aber sie wird nur wirksam sein, wenn alle sie anerkennen und respektieren, wenn Vereinbarungen eingehalten werden. Ein gefährlicher Aspekt der Ereignisse in einigen Betrieben des Danziger Küstengebietes sind die Versuche unverantwortlicher Individuen, anarchistischer und antisozialistischer Gruppen, die Arbeitsunterbrechungen und die erregte Stimmung politisch auszunutzen. Es ist verständlich, daß von dieser emotionalen und spannungsgeladenen Atmosphäre selbst aufrechte Leute mitgerissen werden können. Es ist aber unsere Pflicht, mit ganzer Entschlossenheit darauf hinzuweisen, daß keine Aktivitäten, die sich gegen die politische und gesellschaftliche Ordnung in Polen richten, zugelassen werden können. In dieser fundamentalen Angelegenheit kann niemand auf Nachgeben, Kompromisse oder nur Zögern rechnen. Das Gefühl der Verantwortung für das Schicksal Polens und aller Polen befiehlt uns, an eine unangreifbare Wahrheit zu erinnern: die sozialistische Gesellschaftsordnung ist untrennbar von der polnischen Staatsräson. Nur ein sozialistisches Polen kann als freier und unabhängiger Staat in gesicherten Grenzen existieren. Die sozialistische Gesellschaftsordnung unseres Landes ist von maßgeblicher internationale Bedeutung: sie ist einer der wesentlichsten Faktoren der europäischen Ordnung, die sich nach dem Zweiten Weltkrieg entwickelt hat. (. . .)
Liebe Mitbürger, im Laufe der letzten zehn Jahre haben sich in unserem Land politische Verhältnisse entwickelt, die in günstiger

Weise die Grundsätze des Sozialismus mit unserer nationalen Tradition verbinden. Unser Leben ist gekennzeichnet durch Toleranz, große Freiheiten in Diskussion und Kritik, durch Selbstverwaltungsinstitutionen und ein weites Netz gesellschaftlicher Organisationen. Wir haben diese wertvollen Errungenschaften vor allem im letzten Jahrzehnt entwickelt und gestärkt .... Wir haben Grund zur Zufriedenheit mit dem reichen intellektuellen Leben in unserem Lande ..., immer besser gestalten sich die Beziehungen zwischen Staat und Kirche. Man muß diese Werte schätzen und sie verteidigen. Heute werden sie durch Kräfte gefährdet, die versuchen, unsere Bevölkerung zu spalten und eine feindselige und spannungsgeladene Atmosphäre in ihr Leben zu bringen.

Wir wissen natürlich, daß es in unseren politischen Verhältnissen auch Schwächen und Fehler gibt, daß es auf einigen Gebieten sogar Rückschritte gab. Wir erkennen die dringliche Notwendigkeit eines Ausbaus der Arbeiterdemokratie .... Wir legen großes Gewicht auf ein gerechtes Verhalten der Führung gegenüber der Bevölkerung, Mißbräuche müssen hier bekämpft werden. (...)

Im Namen des Politbüros wende ich mich an euch, Genossen, an unsere ganze Partei, an ihre Mitglieder und Aktivisten. Angesichts der ernsten Situation im Lande ist es unser aller Pflicht, die Linie der Partei zu verteidigen und zu erfüllen. Wir appellieren an Einheit und Zusammenarbeit aller Patrioten. Wir wenden uns an die Mitglieder der Vereinigten Arbeiterpartei und der Demokratischen Partei; an die Parteilosen und an die Katholiken. (...) Bauen wir gemeinsam unser Vaterland und schließen wir uns dafür zusammen!

Ich wende mich auch an Euch, Werft- und Hafenarbeiter, Bewohner des Danziger Küstengebietes!

Wir sind uns bewußt, daß an der Küste und besonders in Eurer Gegend die Schwierigkeiten sehr groß sind. Deshalb hat auch das Politbüro kürzlich ein Programm zur Entwicklung der Dreistadt und der Wojewodschaft Danzig angenommen. Euren Forderungen haben wir große Aufmerksamkeit gewidmet. Wir können Euch nicht die Realisierung aller Forderungen versprechen. Das wären unerfüllbare Zusagen. Die Verwirklichung im einzelnen hängt von den Möglichkeiten unseres Landes ab und davon, was wir zusammen erarbeiten. Die Schiffe, die im Hafen festliegen, darunter einige mit Lebensmitteln, verringern leider unsere Möglichkeiten. Uns

STRAJKOWY BIULETYN INFORMACYJNY

ŻĄDANIA STRAJKUJĄCYCH ZAŁÓG

zakładów pracy i przedsiębiorstw reprezentowanych przez
Międzyzakładowy Komitet Strajkowy

Międzyzakładowy Komitet Strajkowy reprezentuje również załogi zakładów pracy i instytucji, których funkcjonowanie jest niezbędne społecznie. Komitet ów ma na celu doprowadzić do rozmów, które spełnią oczekiwania strajkujących załóg.

Jednym z pierwszych warunków rozpoczęcia rozmów jest odblokowanie wszystkich telefonów.

Żądania strajkujących załóg reprezentowanych przez Międzyzakładowy Komitet Strajkowy są następujące:

1. Akceptacja niezależnych od partii i pracodawców wolnych związków zawodowych, wynikająca z ratyfikowanej przez PRL Konwencji nr 87 Międzynarodowej Organizacji Pracy dotyczącej wolności związkowych.
2. Zagwarantowanie prawa do strajku oraz bezpieczeństwa strajkującym i osobom wspomagającym.
3. Przestrzegać zagwarantowaną w Konstytucji PRL wolność słowa, druku i publikacji, a tym samym nie represjonować niezależnych wydawnictw oraz udostępnić środki masowego przekazu dla przedstawicieli wszystkich wyznań.
4. a) Przywrócić do poprzednich praw:
   —ludzi zwolnionych z pracy po strajkach w 1970 i 1976 r.
   —studentów wydalonych z uczelni za przekonania.
   b) Uwolnić wszystkich więźniów politycznych (w tym Edmunda Zadrożyńskiego, Jana Kozłowskiego i Marka Kozłowskiego).
   c) Znieść represje za przekonania.
5. Podać w środkach masowego przekazu informację o utworzeniu się Międzyzakładowego Komitetu Strajkowego oraz opublikować jego żądania.
6. Podjąć realne działania mające na celu wyprowadzanie kraju z sytuacji kryzysowej poprzez:
   a) podawanie do publicznej wiadomości pełnej informacji o sytuacji społeczno-gospodarczej
   b) umożliwienie wszystkim środowiskom i warstwom społecznym uczestniczenia w dyskusji nad programem reform.
7. Wypłacić wszystkim pracownikom biorącym udział w strajku wynagrodzenie za okres strajku jak za urlop wypoczynkowy z funduszu CRZZ.
8. Podnieść wynagrodzenie zasadnicze każdego pracownika o 2000 zł na miesiąc jako rekompensatę dotychczasowego wzrostu cen.
9. Zagwarantować automatyczny wzrost płac równolegle do wzrostu cen i spadku wartości pieniądza.
10. Realizować pełne zaopatrzenie rynku wewnętrznego w artykuły żywnościowe a eksportować tylko i wyłącznie nadwyżki
11. Znieść ceny komercyjne oraz sprzedaż za dewizy w tzw. eksporcie wewnętrznym.
12. Wprowadzić zasady doboru kadry kierowniczej na zasadach kwalifikacji a nie przynależności partyjnej oraz znieść przywileje MO, SB i aparatu partyjnego poprzez
    —zrównanie zasiłków rodzinnych
    —zlikwidowanie specjalnych sprzedaży, itp.
13. Wprowadzić na mięso i przetwory kartki - bony żywnościowe (do czasu opanowania sytuacji na rynku).
14. Obniżyć wiek emerytalny dla kobiet do 50 lat a dla mężczyzn do lat 55 lub przepracowanie w PRL 30 lat dla kobiet i 35 lat dla mężczyzn bez względu na wiek.
15. Zrównać renty i emerytury starego portfela do poziomu aktualnie wypłacanych.
16. Poprawić warunki pracy Służby Zdrowia, co zapewni pełną opiekę medyczną osobom pracującym
17. Zapewnić odpowiednią ilość miejsc w żłobkach i przedszkolach dla dzieci kobiet pracujących.
18. Wprowadzić urlop macierzyński płatny przez okres trzech lat na wychowanie dziecka.
19. Skrócić czas oczekiwania na mieszkanie.
20. Podnieść diety z 40 zł do 100 zł i dodatek za rozłąkę.
21. Wprowadzić wszystkie soboty wolne od pracy. Pracownikom w ruchu ciągłym i systemie 4-brygadowym brak wolnych sobót zrekompensować zwiększonym wymiarem urlopu wypoczynkowego lub innymi płatnymi dniami wolnymi od pracy.

Międzyzakładowy Komitet Strajkowy

Gdańsk, dnia 22 sierpnia 1980 r.

Wolna drukarnia Stoczni Gdynia
druk bezpłatny

Die 21 Forderungen der Streikenden von Danzig

hat immer die Sorge um das Schicksal dieses Landes verbunden. Ich appelliere an Euren Patriotismus, an Euer Verantwortungsgefühl!
Liebe Landsleute, es gibt in Polen viele Dinge, über die diskutiert werden muß. Schon jetzt läßt sich über den Charakter dieser Probleme streiten, über Lösungen, ja sogar darüber, wer dafür verantwortlich zu machen ist. Eins unterliegt jedoch keinem Zweifel: Polen braucht innere Ruhe. Ohne sie verlieren alle anderen Anliegen ihre Bedeutung. Möge diese Wahrheit heute in das Bewußtsein aller Polen dringen."

Die Arbeiter der Lenin-Werft nahmen jene Wahrheit zur Kenntnis; in der nächsten Streikzeitung erhielt Gierek auf der letzten Seite eine entsprechende Antwort:

„Hört auf, euch ständig bei uns zu entschuldigen
und zu sagen, daß ihr euch irrtet,
seht in unsere müden Gesichter,
grau und zerknittert, wie unser Leben.

Hört auf, an uns zu appellieren,
an unsere Würde und Arbeitsdisziplin,
fangt endlich mit dem Nachdenken an,
wenn ihr uns zuruft: liebe Landsleute!

Hört auf, uns Dummheit, Anarchie
und Mangel an Erfahrung einzureden.
Statt zu flicken, wo immer es geht,
fangt an, euch selber zu verändern.

Hört auf, von Feindschaft zu reden
gegen unsere Gesellschaftsordnung und Nachbarn.
Bedenkt lieber, wieviel wir aushalten
und wieviel wir den anderen abgeben können.

Hört auf, die Menschen zu betrügen,
eure Augen zu schließen und den Kopf in den Sand zu stecken
und Würde und Kultur
gegen Schnaps einzutauschen.

Hört auf, uns zu schelten und zu zanken,
Punkte und Privilegien zu verteilen,

unbequeme Tatsachen zu verschweigen
und die Geschichte zu verfälschen.

Man muß den Worten ihren Wert zurückgeben,
damit sie nicht mehr leere Phrasen sind,
damit ihr mit Würde und Solidarität
unter uns arbeiten könnt.

Hört auf, euch bei uns zu entschuldigen
und zu sagen, ihr hättet euch geirrt.
Seht auf unsere Mütter und Frauen,
grau und zerknittert, wie unser Leben."

Diese Kabinettsstückchen interessieren mich nicht.
Werden unsere Forderungen akzeptiert?

In der Nacht nach Giereks Rede hat Wałęsa wieder etwas mehr Zeit. Erschöpft, scheinbar unbeteiligt, mit leicht zusammengekniffenen Augen, sieht er mir entgegen.
„Warst du im Hotel?"
Ich bestätige es ihm.
„Vielleicht hast du ja die russischen Panzer gesehen, nach denen mich hier jeder Idiot fragt. Ich bin die ganze Zeit drinnen, ich bin eingeschlossen. Ihr könnt raus, und ausgerechnet mich fragt ihr dauernd, ob die Panzer schon da sind. Wenn auch du das von mir wissen willst, erschlag ich dich! Abgesehen davon, sag mir bitte Bescheid, wenn sie wirklich kommen."
Er lacht, aber seine Augen lachen nicht mit. Wachsam, aggressiv, vielleicht auch etwas enttäuscht und wütend liegt er in seinem Sessel und wartet. Die Regierungsdelegation hat heute nichts mehr von sich hören lassen. In Warschau ist Ministerpräsident Babiuch in der Zwischenzeit zurückgetreten, der Propagandachef abgelöst, der Direktor des polnischen Fernsehens entlassen – auf der Werft dagegen scheint die Zeit stehengeblieben zu sein.
Gespenstische Ruhe im Hauptquartier, Leszeks Schnurrbart vibriert – er hat angefangen, Kaugummi zu kauen, um nicht zu viel zu rauchen.
„Frag, aber bitte schnell. Ich bin müde, o Jesu, bin ich müde. Warum fallt ihr mir andauernd auf die Nerven?"
Wohl jeder Journalist, der in diesen Tagen mit Wałęsa spricht, bekommt diesen Satz mindestens einmal von ihm zu hören. Mich

interessiert, was er über Giereks Rede und den Rücktritt des Ministerpräsidenten denkt – ihn interessiert beides überhaupt nicht, so zumindest sagt er. Ich nehme ihm das nicht ab und insistiere; er werde doch wohl die Rede gehört und auch von den Neubesetzungen in der Warschauer Regierung erfahren haben. Er stimmt zu, doch dies alles spiele für den Streik keine Rolle:
„Wir wollen kein Personenkarussell, Politik ist uns egal.
Wir haben unsere 21 Forderungen, wir wollen Freie Gewerkschaften."
Ob ihn nicht die neuen Personen in der Regierung diesem Ziel näherbringen könnten? Er zögert mit seiner Antwort, konzentriert sich wie ein Kind, das plötzlich im Unterricht aufgerufen wird, blickt zur Decke und antwortet dann. Eine Abfolge in Reaktionen und Gesten, die sich in allen Interviews mit ihm wiederholt.
„Es könnte eine reale Chance sein", sagt er, „es könnte den ersten Schritt zu einer Lösung bedeuten. Man muß nur abwarten, was die Politiker weiterhin unternehmen. Ich bin durchaus willens, an ihre guten Absichten zu glauben, doch allein mit einem Auswechseln von Gesichtern auf ein paar Posten ist uns nicht gedient."
Ein schwedischer Kollege kommt zu unserem Gespräch hinzu und bittet mich, Wałęsa zu fragen, ob er dem oppositionellen ‚Komitee zur gesellschaftlichen Selbstverteidigung KOR' angehöre; das werde überall behauptet. Leszek springt zwar nicht gleich auf – aber seine Handbewegung und seine plötzlich aufrechte Haltung ähneln einem Hochschnellen.
„Wer behauptet denn so einen Blödsinn? Die Mitglieder-Liste von KOR ist überall bekannt, und wenn Sie lesen können, werden Sie feststellen, daß mein Name dort nicht zu finden ist. Obwohl", bei diesen Worten lehnt er sich wieder zurück, „wenn mich jemand darum gebeten hätte, wäre ich gerne dort eingetreten!"
Während ich Wort für Wort übersetze, habe ich den Eindruck, Leszek sei von allen guten Geistern verlassen. Er scheint nicht im geringsten zu wissen, was er sich mit derartig provozierenden Antworten einbrockt. Schließlich warten die Falken in Regierung und Partei nur darauf, bei den Streikenden antisozialistische Elemente dingfest zu machen.
„Herr Wałęsa, Sie behaupten also, daß Sie gerne . . ."
„Ich habe überhaupt nichts behauptet, ich weiß nur, mit wem ich es zu tun habe."

„Es gibt also bei Ihnen keine politischen Überlegungen, die sich gegen die Staatsräson richten?"
„Nein, mein Herr. Wir sind weder gegen den Sozialismus noch gegen unsere internationalen Verbündeten. Wir wollen unsere Gewerkschaften haben, andere Dinge interessieren uns nicht! – Wenn du das nicht richtig übersetzt, gibt's Ärger!"
Er hat die Falle also doch bemerkt. Ich gebe mir Mühe, genau zu sein, und der Schwede zieht zufrieden von hinnen, Leszek grinst.
„Ich mache so etwas nicht gerne, aber es geht hier nicht um mich. Wir brauchen Reklame. Wenn das alles vorbei ist, wenn der Streik glücklich beendet sein wird, dann brauche ich keine Reklame mehr."
Ich mache ihn darauf aufmerksam, daß das Warten für beide Seiten gleichermaßen zermürbend sei, frage ihn, wie er sich eigentlich die phänomenale Disziplin diesseits des Tores erkläre, wie man ein derartiges Unternehmen organisiere, ohne daß es zu Ausschreitungen komme und es dem Komitee aus den Händen gleite?
Das alles sei nicht ganz richtig, behauptet er. Am Tag zuvor beispielsweise habe sich ein Provokateur in den großen Saal geschmuggelt und irgendeinen Blödsinn erzählt. Die Delegierten hätten natürlich gemerkt, woher der Wind wehte, und ihn vom Rednerpult heruntergeholt. „Dann benachrichtigten sie Pani Anna (Wałęntynowicz) und mich. Wir sind dazwischen gefahren und haben gesagt, ‚wenn ihr ihm an den Kragen geht, lassen wir die ganze Sache sausen.' Die Angelegenheit war damit beendet. Der Typ ist abgezogen. Aber dies alles ist das Ergebnis einer langen, langen Arbeit."
Er entspannt sich, redet etwas langsamer. Es ist nicht sein Werdegang, nicht sein Lebenslauf, den ich bei diesem Gespräch nachvollziehe, es geht hier einfach um eine kurze Zusammenfassung der Entwicklung einer Bewegung, die in dieser Nacht auf der Werft vor ihrem größten Erfolg oder ihrer endgültigen Niederlage steht.
Angefangen hat es für Wałęsa auf der Werft ungefähr im Jahr 1967. „Früher, in anderen Betrieben, war ich schon ab und zu in kleineren Gruppen mit ähnlichen Zielen engagiert. Aber was Rechtes ist dabei nie herausgekommen. Wir waren zu klein und zu schwach."
Dann kommt er in einen Betrieb mit Tausenden von Arbeitern; hier sieht er zum ersten Mal eine Chance, seine Ideen zu realisieren, lernt aber auch gleichzeitig, wie er sagt, „neue Probleme kennen und erkennen. Es war ja alles noch viel schlimmer, als ich dachte. 1970 ist es dann schiefgelaufen, danach habe ich mich etwas zurückgezogen.

Nach den ganzen Verhaftungen und Verhören war ich mit meinen Kräften am Ende. Bei einem dieser Verhöre habe ich gesagt, falls sich herausstellen sollte, daß das berühmte ‚Helft mir, dann helfe ich Euch' von Gierek eine Lüge war, dann kann das alles nicht gut gehen. Dann wird sich die Arbeiterschaft spalten. Es werden daneben andere Organisationen entstehen, und alle werden versuchen, ihre Rechte zu verteidigen. Und bitte schön, 1976 ist KOR entstanden. Es gab keinen anderen Ausweg. Die Gesellschaft muß sich selbst verteidigen, so kam es eben zu KOR."

Wałęsa meint damit die Arbeiterunruhen in Ursus und Radom von 1976, die ebenfalls wegen einer versuchten Fleischpreiserhöhung ausbrachen.

Eine Gruppe von Intellektuellen, unter ihnen Jacek Kuron und Adam Michnik, gründete damals das „Komitee zur Verteidigung der Arbeiter". Später wurde diese Organisation zu einem Sammelbecken sozialistischer Dissidenten gegen den real existierenden Sozialismus und änderte ihren Namen in „Komitee zur gesellschaftlichen Selbstverteidigung" um.

Auch die kleinste Aktion kann manchmal viel helfen.

Aber Wałęsa dachte an etwas anderes, an eine größere und mächtigere Organisation. Auf der Werft und in anderen Betrieben bildeten sich nach und nach Gruppen mit dem Ziel Freier Gewerkschaften heraus, „aber ich konnte nicht viel dazu tun, weil ich andauernd von den Behörden überwacht wurde. Ich hörte damals einfach alle ausländischen Radiostationen, um möglichst viel über die Gewerkschaften zu erfahren. Irgendwann habe ich bei einem der Verhöre der Miliz gesagt, daß ich mich jetzt endgültig einer dieser Gruppen anschließen würde. Das habe ich dann auch gemacht, sie brauchten es nicht erst selbst rauszufinden. 1978 war ich drin." Wałęsa schloß sich der Bewegung zu einem Zeitpunkt an, als sie bereits im Begriff war, zu zerfallen. Splittergruppen hatten sich abgesondert, lösten sich auf oder gingen an ihrer eigenen Desorganisation zugrunde. „Ich hab es einfach nicht mehr ausgehalten, nichts zu tun, und bin eingetreten. Dann schloß sich auch Frau Wałęntynowicz unserer Bewegung an, und endlich ging es bergauf."

Gemeinsam gründeten sie ein Komitee, zunächst gab es drei Aktive, dann vier, schließlich sechs. Ein weiterer Zustrom ließ nicht lange auf

STRAJKOWY BIULETYN INFORMACYJNY

SOLIDARNOŚĆ

STOCZNIA GDAŃSKA – Dnia 26 sierpnia 1980 r. Nr 5

Komunikat Rzecznika Prasowego Prezydium MKS
25.08.1980 r. godz.15⁰⁰

Pierwsze spotkanie w dniu 23 bm. /sobota/ z Komisją Rządową zakończyło się konkluzją o kontynuowaniu rozmów. Do tej pory nie ma ustalenia odnośnie terminu kontynuowania rozmów, w której to sprawie z inicjatywą zobowiązała się wystąpić Komisja Rządowa. Przypominam, że z naszej strony istotnym postulatem podjęcia dalszych rozmów było odblokowanie automatycznych połączeń telekomunikacyjnych z resztą kraju, a w szczególności z Warszawą i Szczecinem. Stwierdzam, z przykrością, że mimo rozpoczęcia 23 bm. rozmów i mimo ważnych faktów, które nastąpiły w kraju w dniu wczorajszym, nie otrzymaliśmy odpowiedzi w tej sprawie od Komisji Rządowej, a połączenia sa dalej blokowane.

Rzecznik Prasowy Prezydium
M K S

Die Streikzeitung der „Freien Druckerei der Danziger Werft"

„Ich habe keine Angst, – ich glaube an Gott." Messe auf der Werft

sich warten, bald wurden Arbeitsgruppen ins Leben gerufen, die Zahl der Mitglieder wuchs und wuchs.

„Wir trafen uns heimlich mit den Werft-und Betriebsarbeitern. Wir diskutierten über unsere Arbeitsbedingungen, die Fehler vom Dezember 1970 und überhaupt über alle Probleme, die anfielen. Solche Treffen fanden ziemlich regelmäßig statt, und oft mußten wir unseren ganzen Einfallsreichtum darauf verwenden, die Sicherheitsbehörden abzuhängen. Sie waren ständig hinter uns her. Das haben meist die Erfahreneren von uns gemacht, denn das war nicht ungefährlich. Besonders für solche Leute, die zum ersten Mal an geheimen Treffen teilnahmen. Wenn man erwischt wurde, gab es 48 Stunden Arrest und eine Menge Unannehmlichkeiten. Wenn neue Leute zu uns kamen, hatte ich immer die Aufgabe, die Sicherheitsorgane abzulenken. Wenigstens beim ersten Mal, denn bei den nächsten Treffen waren die neuen Kollegen schon auf sie vorbereitet. Wir haben ihnen erklärt, daß sie keine Angst zu haben brauchen und daß ihnen mit ein bißchen Geschick auch keine Verhaftung droht. Die Leute haben sich meistens sehr schnell an Vorsicht gewöhnt."

Wenn bekannt wurde, daß an bestimmten Versammlungen auch die führenden Köpfe der neuen Organisation teilnahmen, dann erschien unauffällig ein Beamter der Wojewodschaft in Zivil und überbrachte ein Schreiben des Bürgermeisters. Darin wurde mitgeteilt, daß Versammlungen und Kundgebungen dieser Art gesetzeswidrig seien. Wenn die Teilnehmer später ihr Treffen verließen, konnte es passieren, daß einige direkt draußen vor der Tür verhaftet wurden. Manche kamen mit einer Aufnahme ihrer Personalien davon, bereits bekannte „Störenfriede" jedoch, wie etwa Leszek, wanderten für 48 Stunden in Arrest.

Nach polnischem Gesetz hat die Miliz das Recht, verdächtige Personen bis zu 48 Stunden festzuhalten, selbst wenn kein Haftbefehl gegen sie vorliegt. Erst nach dieser Frist muß der Inhaftierte einem Untersuchungsrichter vorgeführt werden. Diese Rechtsvorschrift diente über Jahre dazu, Dissidenten nachdrücklich zu disziplinieren. Auch während der Zeit des Streiks wurden mit ihrer Hilfe die verschiedensten Regimekritiker festgehalten. Nach den Angaben einiger ließ man sie jeweils kurz vor Ablauf der 48-Stunden-Frist frei, um sie unmittelbar danach erneut zu verhaften.

Bis ins Jahr 1970 war Leszek für die Miliz ein relativ unbeschriebenes Blatt. »Meine erste Verhaftung war im Dezember, weil ich zur Streikführung gehörte. Ich habe damals drei oder vier Tage gesessen, bis zum Machtwechsel Gomulka/Gierek. Das war zwar etwas länger, als es die polnische Rechtsprechung vorsieht, aber nicht wesentlich länger. Als man mich dann frei ließ, hat man sich auch bei mir entschuldigt."

Unmittelbar darauf begannen für Wałęsa die Jahre der Überwachung; er wurde, wie er erzählt, „mindestens hundertmal verhaftet, nicht immer für 48 Stunden, manchmal bin ich da auch schneller rausgekommen." Man verurteilte ihn jedoch nie, „nur einmal hat man versucht, mir drei Monate anzuhängen. Vor zwei Jahren, 1978, habe ich am Jahrestag der Unruhen einen Kranz vor der Werft niedergelegt. Aber das mit den drei Monaten ist ihnen nicht gelungen. 5300 Złoty Geldstrafe mußte ich bezahlen, dann konnte ich nach Hause gehen."

Ob er hauptsächlich in Schwierigkeiten mit der Miliz und seinem Arbeitgeber geraten sei oder ob es auch Repressalien von seiten der Gewerkschaft gegen ihn gegeben habe? Und: ob er in der Zwischenzeit aus seinem „alten Verein" ausgetreten sei?

„Als ich anfing zu arbeiten, bin ich in die Gewerkschaft eingetreten und bin heute noch Mitglied. Ich war sogar Vertrauensmann, das heißt ehrenamtlicher Inspektor, der sich um die Sicherheit am Arbeitsplatz kümmern mußte. Ich bin dann aber ziemlich schnell von diesem Posten zurückgetreten, weil ich mich mit dieser Aufgabe nicht zurechtfinden konnte. Ich redete und redete, schrieb einen Brief nach dem anderen, und trotzdem ist es mir nicht gelungen, auch nur eines der anstehenden Probleme zu lösen. Da hab' ich aufgegeben. Dieses Gewerkschaftssystem ist so fest in seiner Bürokratie verankert, daß es für Menschen keinen Platz hat, die wirklich etwas verändern wollen. Entweder man paßt sich an, oder man gibt auf. Ich habe in meinem Leben noch nie die Wahrheit verleugnen können, ich paßte einfach nicht in diesen Rahmen."

In der Zeit vom 13. Juni 1967 bis zum 30. April 1976 arbeitete Wałęsa auf der Danziger Werft, „dann hat man mich rausgeschmissen. In der Elektromontage bekam ich eine neue Beschäftigung, aber nur für die nächsten drei Jahre, dann war auch das zu Ende." Der Grund für Wałęsas Entlassung: er galt als zu aufmüpfig. Bei der Arbeiter-Selbstverwaltung beschwerte er sich darüber, daß die Zusammensetzung dieses Gremiums schon vor den Wahlen festgestanden habe.

„Der Vorsitzende war der Parteisekretär des Betriebs, sein Stellvertreter der Gewerkschaftschef. Da habe ich mal laut gefragt: ‚Was sind das denn für Wahlen, wenn hier die Posten schon vorher ausgekungelt wurden?'"

Da es nach der polnischen Verfassung unmöglich ist, jemanden ohne Begründung auf die Straße zu setzen, konnte man Wałęsa lediglich von seiner Arbeit in der Elektromontage freistellen und ihn mehrere Monate lang durch andere Abteilungen wandern lassen. Erst danach wurde ihm ein endgültiges „Aus" verkündet.

„Man sprach von Personaleinsparungen, ich solle das bitte verstehen. Ich sei zwar ein besonders guter Arbeiter, aber davon gäbe es leider zu viele. Fünf Kinder, das sei schwer, noch dazu als einziger Ernährer der Familie – aber meine Entlassung stand fest. Sie baten mich noch um mein Verständnis, und schon stand ich auf der anderen Seite des Tors! Das war besonders geschickt, denn bei Personaleinsparungen konnte ich nicht einmal einen Prozeß vor dem Arbeitsgericht gewinnen."

Wałęsa lebte in der Folge von der Unterstützung durch Freunde und Gesinnungsgenossen, daneben von Geldern, die er bei Gelegenheitsjobs verdiente. Als dann am 14. August 1980 der Streik auf der Lenin-Werft ausbrach, lautete eine der ersten Forderungen der Arbeiter, Wałęsa wieder einzustellen. Ist er stolz darauf?

„Das war nur der Anfang der ganzen Aktion. Es geht hierbei nicht um mich. Die ersten Forderungen sind mehr oder weniger aus dem Stegreif entstanden. Aber jetzt haben wir unsere 21 Punkte formuliert, und von ihnen werden wir nicht abrücken. Was aus mir persönlich wird, ist dabei völlig gleichgültig."

Daß die ersten Forderungen der streikenden Arbeiter der Lenin-Werft mehr oder weniger aus dem Stegreif geboren wurden, braucht niemanden zu verwundern – entstanden sie doch in endlosen nächtlichen Diskussionen, in denen jeder Delegierte zunächst einfach auspackte, was ihn an den sozialen Verhältnissen seiner unmittelbaren Umgebung am meisten störte. Als später alle definitiven Forderungen im einzelnen bekannt wurden, beeilten sich die parteioffiziellen Massenmedien darauf hinzuweisen, daß die Erfüllung jener Forderungen sich auf mindestens 500 Milliarden Złoty belaufen würde. (Nach offiziellem Kurs ca. 33 Milliarden DM). Nüchterne und realistische Experten kamen zu einem späteren Zeitpunkt auf einen Mindestbetrag von 150 Milliarden Złoty (rund 10 Milliarden DM), die der polnische Staat für die Realisierung der Streikforderungen aufzuwenden habe.

Die 21 Punkte, die das überbetriebliche Streikkomitee der Regierungsdelegation bei Verhandlungsbeginn vorlegte, lauten:

1. Zulassung freier, von der Partei und den Betriebsleitungen unabhängiger Gewerkschaften, die sich aus der von der Volksrepublik Polen ratifizierten Konvention Nr. 87 der Internationalen Arbeitsorganisation ergeben, welche die Gewerkschaftsfreiheit betrifft.
2. Garantie des Rechts auf Streik sowie der Sicherheit der Streikenden und der sie unterstützenden Personen.
3. Einhaltung der von der Verfassung der Volksrepublik Polen garantierten Freiheit des Wortes, des Druckens und der Veröffentlichung. Auch die unabhängigen Zeitungen und Zeitschriften dürfen nicht unterdrückt werden. Zugang zu den Massenmedien für Vertreter aller Glaubensbekenntnisse.
4. Wiedereinstellung an ihrem früheren Arbeitsplatz:
   a) Personen, die wegen der Verteidigung der Rechte der Arbeiter entlassen wurden, vor allem Teilnehmer der Streiks von 1970 und 1976 sowie Studenten, die wegen ihrer Überzeugungen von der Universität verwiesen wurden.
   b) Freilassung aller politischen Häftlinge, darunter Edmund Sadrozynski, Jan Kozlowski, Marek Kozlowski.
   c) Einstellung aller Verfolgungen von Andersdenkenden.
5. Veröffentlichung von Informationen in den Massenmedien über die Gründung des überbetrieblichen Streikkomitees und Veröffentlichung der Forderungen.
6. Einleitung konkreter Schritte mit dem Ziel, das Land aus der Krisensituation herauszuführen:
   a) durch vollständige Veröffentlichung von Informationen über die gesellschaftliche und wirtschaftliche Situation und
   b) durch Zulassung aller Gesellschaftskreise und -schichten an der Diskussion über das Reformprogramm.
7. Lohnfortzahlung für alle Arbeiter, die an dem Streik teilnehmen, für die Dauer des Streiks und für den Urlaub aus dem Fonds des Zentralrates der Gewerkschaften.
8. Anhebung des Grundlohns für jeden Arbeiter um 2000 Złoty (rund 130 DM) im Monat als Ausgleich für die bisherigen Preissteigerungen.
9. Garantie eines automatischen Lohnanstiegs, parallel zum Anstieg der Preise und zur Inflationsrate.

10. Sicherstellung einer besseren Versorgung des Marktes mit Lebensmitteln und Export nur von Überschüssen.
11. Einführung von Lebensmittelkarten für Fleisch und Fleischprodukte, bis sich die Marktsituation normalisiert hat.
12. Aufhebung aller kommerziellen Preise und Beendigung des Verkaufs gegen Devisen im sogenannten inneren Export. (Dieser Punkt bezieht sich auf jene speziellen Läden mit einem breiten Warenangebot, die privilegierten Polen und Touristen vorbehalten sind.)
13. Einführung von Grundsätzen zur Einstellung von Führungskräften nach dem Prinzip der Qualifikation statt nach der Parteizugehörigkeit sowie Abschaffung von Privilegien für die Miliz, den Sicherheitsdienst und den Parteiapparat durch:
    a) gleiche Familienzuschläge für alle;
    b) Abschaffung des speziellen Verkaufs von Waren in besonderen Läden.
14. Senkung des Rentenalters für Frauen auf 50 Jahre und für Männer auf 55 Jahre sowie Senkung der für den Rentenanspruch erforderlichen Arbeitszeit auf 30 Jahre für Frauen und 35 Jahre für Männer, ohne Berücksichtigung des Alters.
15. Anpassung der Altrenten an die gegenwärtig gezahlten Renten.
16. Verbesserung des Gesundheitsdienstes und Sicherung einer vollen medizinischen Versorgung für die arbeitende Bevölkerung.
17. Sicherstellung einer ausreichenden Zahl von Krippen- und Vorschulplätzen für die Kinder der berufstätigen Frauen.
18. Einführung eines bezahlten Mutterschaftsurlaubs in den ersten drei Jahren für die Erziehung der Kinder.
19. Verkürzung der Wartezeit für Wohnungen.
20. Anhebung der Tagegelder von 40 Złoty auf 100 Złoty sowie ein Teuerungszuschlag.
21. Einführung von freien Samstagen für die Arbeiter im Schichtdienst und im Bereitschaftsdienst; Ausgleich durch mehr Urlaub oder andere freie Tage, wenn ein freier Samstag nicht gewährt wird.

Das überbetriebliche Streikkomitee. Lenin-Werft, Danzig,
26. August 1980

Ob dieser Forderungskatalog angesichts der gegenwärtigen wirtschaftlichen Lage Polens nicht völlig unrealistisch sei?

Wałęsa wischt meine Frage mit einer seiner üblichen und schnellen

Handbewegungen vom Tisch. „Ich bin doch kein Wirtschaftsexperte. Das Wichtigste sind Freie Gewerkschaften. Und: wir wollen keine Zensur. Und: wir werden die Leute nicht im Stich lassen, die uns geholfen haben. Und: wir wollen keine Repressalien wegen unseres Streiks. Darüber soll die Regierung mit uns reden. Wenn man einmal angefangen hat zu verhandeln, läßt sich über alles reden. Wir haben Zeit, notfalls ein Jahr oder länger. Wir warten . . .“

17. Dezember 1970. Erinnerung an eine Niederlage

Heute ist es nicht mehr gefährlich, ganz offen über damals zu sprechen.

16000 streikende Arbeiter und fast 400 Journalisten warten mittlerweile. Auch polnische Kollegen sind unterdessen auf der Werft zu sehen, – doch nur die mutigen und aufrechten unter ihnen. Mancher aus ihrer Mitte erinnert sich noch an den Dezember 1970, an jene politische Eskalation, die mit den Schüssen von Danzig und Gdynia endete und damit der Ära des Parteichefs Wladyslaw Gomulka einen Schlußpunkt setzte.

Die Regierung Gomulka hatte sich seinerzeit entschlossen, eine in Polen längst überfällige Änderung des Preissystems in Angriff zu nehmen. Dabei schien die Führungsriege der Partei von einem außenpolitischen Erfolg beflügelt, den alle Polen seit langer Zeit herbeigesehnt hatten: Es handelte sich um den Warschauer Vertrag, durch den die Bundesrepublik Deutschland, und zwar 17 Jahre später als die DDR, ihrerseits die Oder-Neiße-Linie als polnische Westgrenze anerkannte. Im Windschatten dieses Erfolges glaubten polnische Wirtschaftsexperten nun auch ein grundlegendes ökonomisches Problem ihres Landes beseitigen zu können: stabile Preise für Grundnahrungsmittel, die sich einzig durch drastische staatliche Subventionen unverändert auf dem Niveau der 50er Jahre hielten. Einen Faktor allerdings hatten sie bei ihren Überlegungen nicht berücksichtigt: die Arbeiterschaft Polens. Durch soziale Leistungen ihrer sozialistischen Volksrepublik nicht eben verwöhnt, revoltierten sie. Allen voran: die Dockarbeiter der Ostseeküste von Stettin bis Elbing. Zentrum der sozialen Unruhen waren vor allem die Danziger Lenin-Werft und die Werft ‚Pariser Kommune' in Gdingen. Fünf Tage lang demonstrierten Arbeiter im Städtedreieck Danzig, Zoppot, Gdynia auf den Straßen, fünf Tage lang patroullierten gepanzerte Miliz- und Armeefahrzeuge durch Danzig, Zoppot und Gdynia. Fünf Tage lang wurde gekämpft, kamen Menschen ums Leben.

Lech Wałęsa war bei den Kämpfen dabei. Während der Streiknächte auf der Lenin-Werft zeige ich ihm Bilder aus den damaligen Tagen, die ich in einem Photoarchiv ausgegraben habe.

Er blättert sie durch mit Interesse, doch ohne eine sichtbare Bewe-

gung. Er betrachtet die brennenden Autos, das in Flammen stehende Parteigebäude, die Leichen – die Photos sind etwas unscharf, die meisten von ihnen stammen von Amateuren.
„Ich war damals nur ein einziges Mal auf der Straße dabei. Ich saß in der Lenin-Werft im Streikkomitee wie heute. Nur war ich damals zu jung und zu dumm. Daß es hier in Danzig zu diesen Ausschreitungen kam, das war unser Fehler. Viele meiner Kollegen sagen, ich hätte nicht das Recht, so etwas zu behaupten. Aber ich war 1970 dabei und weiß, wie es war. Ich habe nicht verhindern können, was passiert ist. Aber ich bin nicht damit einverstanden, daß man behauptet, hier in Danzig sei ohne Grund geschossen worden. In Wirklichkeit hatte die Miliz keinen anderen Ausweg."
Vieles hätte ich von ihm erwartet, am allerwenigsten aber sein Bekenntnis zu einer Mitschuld an den wohl düstersten Tagen für die polnische Arbeiterbewegung der Nachkriegszeit.
„Die Streikführung, ich selbst, wir alle, hatten die Lage nicht im Griff. Weißt du, was unser größter Fehler war? Wir hatten keinen Führer, niemanden, der die Rolle hätte spielen können, die ich jetzt bei unserem Streik übernommen habe. Im Unterbewußtsein habe ich damals auf jemanden mit Charisma gewartet. Ich war damals jung, hart, eigensinnig, aber eine Führerpersönlichkeit war ich nicht. Hätte ich 1970 all das gewußt, was ich heute weiß, dann wäre die Geschichte anders gelaufen."
So aber nahm die Geschichte den Verlauf, den sie nehmen mußte: Die allgemeine Erregung und Hektik auf den Versammlungen der bestreikten Betriebe schlug derartig hohe Wogen, daß sich schließlich die hitzigsten Köpfe durchsetzten.
„Wir konnten nicht verhindern, daß hier auf der Werft in Windeseile ein dummes Gerücht die Runde machte: Die Soldaten draußen und die Milizangehörigen, so hieß es, seien gar keine Polen, sondern Russen in polnischen Uniformen. Alle fingen an, sich in Wut zu reden. Sie redeten und redeten, und schließlich zog ein Teil der Leute los, um das nachzuprüfen. Ich schrie mir die Kehle heiser: bleibt hier, wenn wir rausgehen, wird geschossen! – aber das half nichts. Manche hatten sogar Säcke dabei, für den Fall, daß sich irgendwo eine Gelegenheit zum Plündern ergeben würde. Die waren einfach nicht aufzuhalten."
Die Menge zog in die Stadt. Anfangs unternahmen die Sicherheitskräfte nichts. Einige tausend Werftarbeiter marschierten, die ‚Internationale' auf den Lippen, zum Wojewodschaftskomitee der kommunisti-

schen Partei. Dort warteten sie ab, ob jemand mit ihnen sprechen würde. Doch niemand erschien, denn die Parteichefs der einzelnen Regierungsbezirke hatten sich zu Beratungen mit dem Zentralkomitee in Warschau zurückgezogen. Als sich letztendlich doch ein Parteifunktionär fand, bereit dazu, sich den Arbeitern zu stellen, war es zu spät. Es kam zu Tumulten, Plünderungen, Schießereien. Am darauffolgenden Tag waren die Auseinandersetzungen schon in Straßenschlachten ausgeartet. Steine und Molotow-Cocktails flogen durch die Luft. Die Miliz setzte Tränengas und Rauchbomben ein, das Militär begann zu schießen. Demonstranten zündeten das Parteigebäude der Wojewodschaft Danzig an. Am Abend wurde der Ausnahmezustand verhängt. Die Bilanz jenes Tages: 5 Tote und 33 Schwerverletzte.

„Man kann darüber geteilter Meinung sein, ob wir damals auf die Straße hätten gehen sollen oder nicht. Aber wenn schon demonstriert wurde, dann nicht mit derartig verrückten Zielen. Häuser und Autos anstecken, Steine auf Polizisten werfen, Läden ausräumen – das sind doch keine Lösungen politischer Probleme. Immerhin hier in Danzig war es ein sauberer, ehrlicher Kampf. Die hatten ihre Waffen, und unsere Leute haben sich eben auch Waffen besorgt. In Gdynia dagegen, vor der Werft ‚Pariser Kommune', sah die Sache völlig anders aus. Gdynia, das war schlichtweg Mord."

Ob die Ereignisse am Morgen des 17. Dezember 1970 vor der Werft in Gdingen wirklich den Straftatbestand des Mordes darstellen, sei dahingestellt. Sicher scheint mir nur eines: Was in Gdynia geschah, war ein Beweis für die absolute Unfähigkeit der Verantwortlichen. Die völlig widersprüchlichen Befehle, Berichte und Verlautbarungen von seiten der Werftdirektion, der Parteifunktionäre, der Miliz- und Armeeoffiziere jedenfalls waren es, die ein totales Chaos herbeiführten.

Die Werftdirektion versuchte zu erreichen, daß alle Arbeiten auf der Werft eingestellt würden, um ein Blutvergießen zu verhindern, denn das Gelände der ‚Pariser Kommune' war inzwischen von Panzereinheiten umstellt. Parteifunktionäre jedoch verhinderten eine Bekanntmachung dieser Entscheidung durch Radio und Fernsehen, weil sie selbst gerade die Arbeiter durchs Fernsehen aufgefordert hatten, wieder an ihre Arbeitsplätze zurückzukehren. Die Werftleitung schickte daraufhin Abgesandte mit speziellen Passierscheinen in die Arbeiterwohnsiedlungen. Sie sollten auf diesem Weg möglichst viele Beschäftigte dazu bewegen, am kommenden Tage zu Hause zu bleiben. Diese Mitteilung stieß bei den Arbeitern auf Unglauben, hatten sie doch kurz

zuvor im Fernsehen gehört, es solle normal weitergearbeitet werden. Angesichts der allgemeinen Verwirrung verfiel die Werftleitung nun auf eine neue Idee. Sie wandte sich an die öffentlichen Verkehrsdienste mit der Bitte, alle Fahrten zur Werft am Morgen des 17. Dezember einzustellen. Die städtischen Verkehrsbetriebe kamen dieser Aufforderung nach, die staatlichen Eisenbahnen aber erklärten, die Einhaltung ihres Fahrplanes habe Vorrang – da könne ja jeder mit solchen Wünschen kommen. Die Befehlshaber der um die Werft zusammengezogenen Armee-Einheiten wurden, so muß man zu ihren Gunsten annehmen, von all diesen Vorgängen nicht unterrichtet. Die Voraussetzungen für ein Massaker waren geschaffen. – Der Vorortbahnhof der ‚Pariser Kommune' befindet sich nur etwa 300 Meter vom Haupteingang der Werft entfernt. Wer den Bahnhof verlassen wollte, mußte eine altertümliche Fußgängerbrücke benutzen, die über die Gleise direkt zur Werft führt. Am Ende dieses Übergangs stand bereits ein Panzer-Kordon. Die Vorortzüge, bis zum letzten Platz mit Arbeitern der Frühschicht besetzt, trafen planmäßig ein.
„Was die sich gedacht haben, weiß ich nicht. Entweder wollten sie uns, den Arbeitern, eine Lektion erteilen, oder der Kommandant hat einfach durchgedreht. Er sah diese Menschenmenge über die Brücke auf sich zukommen – jeden Morgen ist es das gleiche Bild, da gehen Tausende von Menschen, aber der Offizier hatte so etwas vermutlich noch nie gesehen. Er hat wahrscheinlich gedacht, um Himmels Willen, das ist eine Demonstration, die wollen die Werft stürmen. Und diesen Druck hat er einfach nicht ausgehalten. Er dachte, o Jesu, Jesu, die marschieren einfach und haben keine Angst, die werden mich ermorden."
Durch Lautsprecher wurde die Menge aufgefordert, zum Bahnhof zurückzukehren. Doch selbst wenn die Vordersten es gewollt hätten, die Nachdrängenden gaben ihnen dazu keine Gelegenheit. So begann das Militär auf die Menge zu feuern. Einer, der dies miterlebte, erzählte später:
„Am schlimmsten war das Katzenkopfpflaster. Die Soldaten, die nicht auf die Arbeiter schießen wollten und ihre Waffen auf den Boden richteten, erzeugten dadurch Querschläger, die noch tiefere Wunden rissen als durch gezielte Schüsse."
Panik, Straßenschlachten und Gewalttätigkeiten in jenem Städtedreieck waren die Folge. Die polnische Journalistin Barbara Seidler schrieb: „Gegen Mittag hört man nur noch das Heulen der Rettungs-

wagen. Die Wunden sind schwer, das Pflaster in Gdingen war hart. Abends hört das Land mit Erstarrung die Rede des Premiers Cyrankiewicz und erfährt, daß auf Beschluß des Ministerrates der Ausnahmezustand über das ganze Land verhängt ist . . . Am Samstag fand in Warschau eine Sitzung des Politbüros statt. Die Beratungen wurden vom Genossen Cyrankiewicz geleitet, denn der Genosse Gomulka war schon in der Klinik.

Am Sonntag sprach man im ZK von mindestens 36 Personen, die bei den Vorfällen an der Küste zu Tode gekommen seien, von 1200 Verletzten, 17 abgebrannten öffentlichen Gebäuden, 33 zerstörten Miliz- und Militärfahrzeugen und davon, daß ein Streiktag auf der Danziger Werft uns 25 Millionen Złoty koste. Man sprach von einer Krise in der Partei und von Resolutionen der Arbeiter. Man wußte, daß die Krise nur mit Mitteln der Politik zu lösen war und daß man schnell handeln mußte, damit die Partei nicht die Kontrolle über die Ereignisse verlor. Abends sprach der neue Erste Sekretär, Edward Gierek, im Fernsehen."

Die Partei hatte unverzüglich reagiert. Die Führung war ausgewechselt worden. Polen lasse es nicht zu, daß auf Polen geschossen wird. Die genaue Zahl der Opfer von damals ist bis heute nicht bekannt. Wałęsa erzählte mir, in jenen Tagen sei von mindestens 400 Toten die Rede gewesen. Vermutlich seien etwa 140 Streikende, Soldaten und Angehörige der Miliz ums Leben gekommen.

„Aber das werden wir alles noch genau feststellen. Wir werden übrigens einen weiteren Punkt in unseren Forderungskatalog aufnehmen: Dort, wo vor dem Tor das Kreuz errichtet wurde, wollen wir ein Denkmal bauen. Ein Denkmal, das uns daran erinnert, daß so etwas wie damals nie wieder geschehen darf."

Der neue Regierungschef bemühte sich um das Vertrauen der Arbeiterklasse. Noch im Dezember 1970 erschien Edward Gierek auf der Lenin-Werft in Danzig.

„Er hielt damals seine berühmte Rede und sagte: ‚Wir können Euch nur helfen, wenn Ihr uns helft.' Wie alle anderen habe auch ich geschrieen ‚Pomożemy – wir helfen!'"

„Und habt ihr geholfen?"

„Wir haben uns bemüht. Ungefähr ein Jahr lang haben wir stillgehalten und versucht, der neuen Regierung keine Steine in den Weg zu legen. Schließlich hatte ich das ja unterschrieben, so eine Erklärung, als man mich aus dem Arrest frei ließ. Was ich unterschreibe, daran halte ich mich auch. Wenn ich einmal etwas als richtig erkannt habe, dann bringt man mich nicht mehr davon ab. Schon im Religionsunterricht in der Schule hat der Pfarrer mir immer gesagt: Du mit deinem Charakter und deinen Widerworten, du endest bestimmt noch mal im Gefängnis. Ich bin dann solange hinter dem Pfarrer hergelaufen und habe auf ihn eingeredet, bis er mir schließlich recht gab. Wenn man davon überzeugt ist, daß man recht hat, muß man auch dafür kämpfen."

Wałęsa war davon überzeugt, daß man Gierek eine Chance geben müsse. Als sich jedoch ein Teil der Hoffnungen nicht erfüllte, die die Arbeiter in die neue Regierung gesetzt hatten, als Warschau seine Versprechen zu vergessen begann, fühlte auch Leszek sich nicht mehr an sein Stillhalteversprechen gebunden.

„Ich wurde immer skeptischer; es gab keine Möglichkeit, sich gegen die Entwicklung zu stellen. Ich konnte nicht einfach sagen – Halt, hier läuft alles falsch! – niemand hätte auf mich gehört. Erst 1976, bei den Neuwahlen der Gewerkschaftsvertretung, habe ich den Mund wieder aufgemacht. Wir haben versprochen zu helfen, habe ich gesagt, und wir haben geholfen. Nur uns hilft niemand. Man hat uns betrogen. Na ja, wie das so geht, wenn man seine Meinung sagt, ich wurde einfach gefeuert."

Wird gestürmt?

Man muß sich nicht vor seinen Freunden fürchten. Die einzige Gefahr ist, daß sie uns zu fest umarmen.

Die Lautsprecher auf der Lenin-Werft geben bekannt, daß die Verhandlungen mit der Regierungskommission immer noch nicht angefangen haben. „Verdammt nochmal", flucht einer, der sich mit seinem Elektrokarren hupend einen Weg durch die Menge auf der Hauptstraße des Werftgeländes erzwingt, „haben die denn immer noch nicht genug?"

Offenbar nicht, ihnen fehlt noch Klarheit über die eigene politische Strategie, um sich zu diesem Zeitpunkt mit dem Streikkomitee an einen Tisch zu setzen. „Dann machen wir eben weiter", sagt der weißhaarige Mann im blauen Overall mit seiner Schweißerbrille und seinem gelben Schutzhelm neben mir, „jetzt haben wir so lange durchgehalten, jetzt kommt es auf ein paar Tage mehr oder weniger auch nicht an."

Die Stimmung auf der Werft und in den mehr als 400 übrigen bestreikten Betrieben sieht nach Durchhalten aus. Es ist der 14. Tag seit Streikbeginn. Inzwischen hat sich, wie schon 1970, die katholische Kirche der Arbeiter angenommen und betreut sie. Regelmäßig rollen Autos mit der Aufschrift „Seelsorgedienst" auf das Gelände der Danziger Werften. Auf der Nordwerft, der ‚Pariser Kommune', den Docks der Reparaturbetriebe und am Tor 2 der Lenin-Werft werden Messen gelesen. Oft nehmen bis zu 5000 Menschen daran teil – auf beiden Seiten der Werktore. Für die Bürger der Stadt und die Streikenden bedeuten diese Gottesdienste weitaus mehr als nur religiöse Übungen. Sie sind Bekundungen gemeinsamer Ziele und Wünsche, die jene da draußen mit diesen hier drinnen verbinden. Für viele unter ihnen ist das gemeinsame Gebet auch Trost in der Angst und Spannung dieser Streiktage. Sie erinnern sich aus persönlicher Erfahrung an das Jahr 1970 oder haben zumindest ihre Eltern darüber erzählen hören. Kaum einer gibt zu, daß er Angst hat, doch auch ohne große Worte befürchten viele dann eine dramatische Wiederholung, wenn einer der maßgeblich Beteiligten die Nerven verliert – seien es die Politiker in Warschau, die Streikenden oder die sozialistischen Brüder im Osten. Niemandem ist an einer Zuspitzung gelegen. So bekam Pfarrer Henryk Jankowski von St. Brigitte, in dessen Sprengel die Lenin-Werft liegt, mit Zustimmung der Partei von seinem Bischof den

Auftrag, die geistliche Betreuung der Streikenden zu übernehmen. Die kommunistische Führung war offensichtlich der Meinung, daß regelmäßige Gottesdienste die Gemüter beruhigen würden.
So werden Beichten auf offener Straße abgenommen, die Kommunion an die Arbeiter auf dem Werftgelände und ihre Angehörigen vor dem Tor ausgeteilt. An den Gitterstäben der Einfahrt werden immer mehr Nelkensträuße angebracht, das Bild der Muttergottes von Tschenstochau und ein Portrait des polnischen Papstes werden von einem rot-weißen Blumenmeer eingerahmt. Die polnischen Farben werden zunehmend nicht nur zu einem Symbol des Patriotismus, sondern auch zu einem Erkennungszeichen der allgemeinen Solidarität. Mittlerweile kursieren die wildesten Gerüchte: über gestohlene polnische Uniformen, geheime Pläne für einen nächtlichen Sturmangriff, über ein riesiges Heerlager der Miliz vor Danzig, über russische Panzer, die bereits die Grenze überschritten hätten und sowjetische Fregatten, die vor Danzig kreuzten. Parallelen zum Jahr 1970 jagen vielen Angst ein.
Angst? – wohl zum hundertsten Male stelle ich Leszek diese Frage.
„Ich habe bis jetzt noch keine Minute Angst gehabt. Ich weiß selbst nicht genau warum, aber ich spüre keine Angst. In anderen Situationen hab' ich natürlich Angst wie alle Menschen, doch bei unserer Sache fürchte ich mich nicht – vielleicht, weil der liebe Gott auf unserer Seite ist."
Ich habe inzwischen westliche Zeitungen erhalten, die den Teufel in glühendsten Farben an die Wand malen. Da werden Vergleiche mit Afghanistan gezogen, mit der Tschechoslowakei, dem Ungarnaufstand und dem 17. Juni; man vermutet bereits Panzer auf der Lenin-Werft und sieht im Geiste Wałęsa vor den zerstörten Überresten der Danziger Arbeiterbewegung. Ich denke unwillkürlich an Frontberichterstattung und frage mich, woher die Kollegen das alles haben. Die meisten schreiben ja von außerhalb der Szene, weil sie kein Visum für Polen bekommen.
Die Emotionen, die diese ausländischen Berichte bei mir hervorrufen, werden durch Leszeks Reaktionen darauf rasch abgebaut:
„Glaub' doch nicht, daß wir aus den Fehlern von 1970 nichts gelernt haben. Ich habe schließlich zehn Jahre lang Zeit gehabt, darüber nachzudenken. Das heißt nicht, daß ich auf diesen Streik jetzt hundertprozentig vorbereitet war. Ich habe allerdings damit gerechnet, daß so etwas passieren würde. Vielleicht in zwei Jahren, das hätte mir als Zeitpunkt für einen großen Streik am besten gepaßt. Jetzt ist es nun

mal früher passiert, und eins steht fest: So wie 1970 darf die Geschichte auf keinen Fall laufen. Aber diese Gefahr besteht nicht. Wir werden die Werft nicht verlassen und der Miliz keinen Anlaß zum Eingreifen geben. Wenn sie versuchen, hier hereinzukommen, um den Streik vor seinem Ende aufzulösen, dann werden wir überhaupt nichts unternehmen. Wir kämpfen nicht, wir schlagen uns nicht, wir werden uns einfach hinsetzen und uns ganz still verhalten. Dann können sie kommen und uns abtransportieren, alle 16000 Mann, einen nach dem anderen. Wie die Hühner können sie uns auf ihre Wagen laden, und keiner von uns wird auch nur seine Hand erheben."

Das wäre, denke ich, ein gewaltiger Sieg für die Regierung. Dennoch: Als Kampfmittel gegen den Streik ist dieses Verfahren nicht sonderlich geeignet. Denn ob die Arbeiter auf der Werft streiken oder ob sie im Gefängnis sitzen – der Effekt ist derselbe: Die Werftarbeiten ruhen und mit ihnen alle übrigen Betriebe im Städtedreieck. Danzig ist vollständig von der Außenwelt abgeschnitten. Telephonnetze sind blockiert, Fernschreibvermittlungen haben ihre Arbeit eingestellt, an den Zufahrtsstraßen sind Polizeikontrollen installiert. Den Streikenden soll jede Möglichkeit genommen werden, Informationen über sich und ihre Forderungen an andere Betriebe weiterzuleiten. Freiwillige versuchen, Flugblätter aus den Ostseegebieten herauszuschmuggeln. Sie werden ertappt, das Material wird konfisziert, die Männer werden zurückgeschickt. In der Stadt dagegen können die Fahrzeuge des überbetrieblichen Streikkomitees ungestört verkehren. Ansonsten gibt es keine nennenswerte Bewegung in Danzig, Zoppot und Gdynia. Die städtischen Verkehrsbetriebe werden bestreikt, auch alle anderen Unternehmen haben ihre Arbeit eingestellt.

„Ein paar arbeiten noch. Wir streiken schließlich nicht gegen die Bevölkerung. Was die Leute hier zum täglichen Leben brauchen, das werden sie auch bekommen: Strom, Wasser, Brot, Milch und ärztliche Versorgung. Alle diese Betriebe sind zwar inzwischen Mitglieder des Streikkomitees, aber sie haben sich bereit erklärt, zum Wohl der Bürger weiterzuarbeiten."

Die Fähren aus der Bundesrepublik Deutschland und Schweden haben ebenfalls ihren Dienst eingestellt. Das letzte Schiff aus Travemünde konnte zwar noch in den Hafen einlaufen, von Bord gehen durften aber lediglich die polnischen Staatsbürger und einige Passagiere mit einer Sondererlaubnis: Journalisten, die als Besucher des Schlagerfestivals nach Zoppot kamen. Ihnen wurde jedoch zur Auflage gemacht,

„Betet und wartet."

„Wir wollen kein Personenkarussell, sondern Freie Gewerkschaften." Ministerpräsident Babiuch ist zurückgetreten.

sich in ihrer Berichterstattung strikt an die ‚leichte Muse‘ zu halten. Verwandtenbesuche, bzw. Urlaub in Masuren, fielen für alle übrigen Passagiere ins Wasser. Sie mußten zurück nach Travemünde.

In der Zwischenzeit hatten auch die anderen Reiseveranstalter vorsorglich ihre Gäste außer Landes gebracht. Ein eigens eingesetzter Sonderzug transportierte die letzten deutschen Polen-Urlauber zurück in die Bundesrepublik. Doch in den polnischen Büros der deutschen Reiseveranstalter war man vorsichtig: der Sonderzug wurde in Allenstein eingesetzt – 150 Kilometer südlich des Streikzentrums. Die staatliche polnische Touristenorganisation ORBIS hatte erklärt: Wer bleibt, bleibt auf eigenes Risiko. Wie sich in den folgenden Tagen herausstellte, bestand es nicht etwa darin, in einen öffentlichen Aufruhr verwickelt zu werden. Das Risiko war von gänzlich anderer Natur. Es betraf die Gastronomie. Polens Restaurants zeichnen sich zwar schon in normalen Zeiten nicht gerade durch reichhaltige Speisekarten aus. Jetzt aber wurden in den Hotels und Kneipen auch noch die wenigen Vorräte knapp. Die Besucher Danzigs fanden sich plötzlich auf eine Diät zäher halber Hähnchen gesetzt. Lieferungen aus anderen Teilen des Landes blieben aus, Frachtschiffe mit Importgütern und alltäglichen Nahrungsmitteln lagen ungelöscht auf Reede vor Danzig, nur die cleveren Privatunternehmer aus Bydgoszcz, Thorn, Krakau und Breslau sorgten noch für einen dünnen Zufluß von Nahrungsmitteln in die ansonsten paralysierte Stadt. In den wenigen exklusiven Restaurants brach man die letzten Kaviardosen an, doch das war ein durchaus fragwürdiges Vergnügen für die zahlungskräftigen Gäste: Auch Kaviar ist dann kein Luxus mehr, wenn es seit Tagen nichts anderes zu essen gibt. Schon seit dem vierten Streiktag herrscht in Danzig Prohibition. Streikkomitee und Bezirksverwaltung haben sich auf ein totales Alkoholverbot geeinigt.

Eine größere Beeinträchtigung jedoch für alle Bürger im Städtedreieck war der Benzinmangel. Immer mehr Tankstellen schlossen, „kein Benzin“, so war an den Einfahrten zu lesen. Nur Autos mit ausländischen Nummernschildern wurden an einzelnen Stationen noch bedient – 10 Liter bekam man, genug, um die Wojewodschaft zu verlassen.

In den ersten Tagen des Streiks hatte sich die Miliz erstaunlich zurückgehalten. Man sah kaum Kontrollen, kaum Patrouillien zu Fuß oder im Streifenwagen. Dann plötzlich wurden an der Straße, die zur Lenin-Werft führt, Polizeikontrollen eingerichtet.

Auch in der Altstadt, in Langfuhr und Neufahrwasser, in Zoppot und Gdynia schlenderten Uniformierte, betont unauffällig, durch die Straßen; in der Mehrzahl junge Leute, so um die zwanzig, frisch von der Polizeischule, und vielen von ihnen war anzusehen, daß sie sich in ihrer Haut nicht gerade wohl fühlten.

Normalerweise ist die Volksmiliz in Polen eine beliebte Zielscheibe hämischer Attacken, nach dem Muster der bekannten Ostfriesenwitze gestrickt. So gehört etwa der neueste Miliziantenwitz zur normalen Konversation in Kneipen oder Straßenbahnen, vergleichbar den in England üblichen Bemerkungen über das Wetter. Während des Streiks indessen höre ich in Danzig nicht eine einzige bösartige Bemerkung über die uniformierten Vertreter der Obrigkeit. Sie alle befleißigen sich in diesen Tagen allergrößter Zurückhaltung. Zwar sind sie überall präsent, doch unternehmen sie nichts Spektakuläres. Die meisten von ihnen, so will ein Gerücht wissen, sind aus anderen Teilen des Landes hierher abkommandiert worden. Es gibt für mich eine einfache Methode festzustellen, ob dieses Gerücht stimmt. So frage ich einen Beamten auf dem Weg zur Werft, wie ich zur Mariacka, zur Frauengasse, komme. Er bedauert: „Ich habe keine Ahnung, ich bin aus Kalisz.“ Der nächste kommt aus Leszno, ein anderer wiederum aus Piotrków. Vorsorglich hat offenbar das Innenministerium, dem die Miliz untersteht, Polizeikräfte aus der tiefsten Provinz herangekarrt – Leute, die in dieser Gegend weder Verwandte noch Freunde haben, die sich nicht auskennen und die deshalb – im Fall einer ernsten Auseinandersetzung mit den Streikenden – problemlos zu befehligen sind. Erstaunlich ist allerdings für mich: Von den Polizisten, die ich bei meiner privaten Umfrage anspreche, stammt keiner aus einer der größeren Städte Polens. Anscheinend rechnet die Parteiführung damit, daß auch in Krakau, Kattowitz oder Wrocław in allernächster Zukunft Polizeikräfte benötigt werden.

Siebter Streiktag

Ich würde ihnen mit offenen Armen entgegen gehen.

In der westlichen Presse verstärken sich erneut die Andeutungen, daß ein Eingreifen sowjetischer Truppen in Polen unmittelbar bevorstehe.

Zwar ist mir bewußt, daß die Argumente, die von Anfang an gegen ein Eingreifen von sowjetischer Seite sprachen, nach wie vor gültig sind. Ebenso weiß ich, daß die Russen nicht leichtfertig die Entscheidung fällen werden, ihren Warschauer Genossen „brüderlich" zu Hilfe zu eilen, und auch, daß man streikende Arbeiter nicht dadurch an ihre Maschinen zurückholt, daß hinter jedem Beschäftigten ein Soldat mit einer Maschinenpistole postiert wird; ich weiß, daß solche Risiken zu groß wären und alle Beteiligten bei einem Einmarsch nicht mehr Herr der Lage wären. Gleichzeitig aber weiß ich, daß Politik, besonders im Ostblock, nicht immer den Gesetzen der Logik folgt.
Ein deutscher Kollege will abermals von russischen Panzern an der Grenze gehört haben. DDR-Einheiten sollen ebenfalls einsatzbereit sein. Die Parteiführung in Warschau hat angeblich schon um Hilfe ersucht – bloße Gerüchte, wie sich nachher herausstellt. An diesem Tag – vielleicht liegt es an einer durchwachten Nacht, vielleicht auch daran, daß sich Wałęsa mit seinen Kollegen zu ausgedehnten Beratungen in Klausur begeben hat, oder daran, daß die Stimmung auf der Werft gereizter ist als je – bin ich bereit, selbst an das unmöglichste Gerücht zu glauben.
Ich beschließe, einen kleinen Ausflug zu machen. Bei der Gelegenheit läßt sich mit Sicherheit feststellen, ob der Polizeikordon um Danzig noch existiert. Ein Taxifahrer aus Warschau hat mir auf meine Bestellung einen Kanister mit dreißig Litern Benzin gebracht – so bin ich beweglich. Ich nehme die Ausfallstraße nach Süden, Richtung Warschau und Elbing.
In der Nähe der Raffinerie, kaum fünf Kilometer vom Stadtzentrum entfernt, steht ein Polizeiwagen. Doch die Beamten kontrollieren lediglich den Verkehr nach Danzig. Mich lassen sie ohne weiteres passieren.
In Elbing ist alles ruhig. Die Stadt bietet dasselbe Bild wie in Danzig und Gdynia. Kaum ein Auto auf der Straße – auch hier gibt es kein Benzin – Busse und Bahnen sind in den Depots stationiert, vor den Betrieben sind Streikfahnen aufgezogen.
An einer Autobushaltestelle wartet ein junger Mann und winkt mich heran. Er will nach Braniowo, das ist auch meine Route. Er erzählt mir, daß er normalerweise in der Kantine der Lenin-Werft arbeite, augenblicklich aber nachsehen wolle, ob zu Hause alles in Ordnung sei. Braunberg, am Frischen Haff, hieß seine Heimatstadt, als sie noch zu Ostpreußen gehörte. Das war lange vor seiner Geburt. Seine

Familie stamme aus Wilna, 1945 auf dem Weg nach Westen sei sie hier ansässig geworden. Was er vom Streik halte, frage ich ihn. „Eine prima Sache“, sagt er, „höchste Zeit, daß das mal organisiert wurde. Von Politik verstehe ich nichts. Aber ich weiß genau, daß bei uns in die Betriebskantine jeden Tag zwei Lastwagen mit Fleisch angefahren kommen. Das Fleisch wird vorne ins Kühlhaus reingetragen, und hinten stehen schon die Dienstwagen von irgendwelchen Großkopfeten. Die kriegen die Schweinehälften in den Kofferraum und in der Kantine gibt's Eintopf, gedrängte Wochenübersicht, wenn Sie so wollen. Von den angelieferten Koteletts sehen die Werftarbeiter jedenfalls nichts.“

Braniowo liegt ruhig da, nichts deutet auf einen Streik. In einer Nebenstraße läßt der junge Mann mich halten. Schönen Dank, sagt er, und zieht aus seiner Aktentasche ein Papier heraus. Es ist ein Flugblatt mit den Forderungen der Lenin-Werft-Arbeiter. „Nehmen Sie ruhig“, sagt er, „ich hab noch 500 Stück davon.“ Schon ist er um die Ecke verschwunden, bevor ich noch Zeit habe, ihn zu fragen, was wohl passiert wäre, wenn uns unterwegs eine Streife angehalten hätte.

Ich fahre weiter, zunächst in Richtung Westen, dann nördlich auf die russische Grenze zu, die an dieser Strelle Ostpreußen in zwei Hälften zerteilt. Die Grenzlinie scheint damals, 1945 in Potsdam, mit dem Lineal gezogen worden zu sein. Es sieht hier so aus, als ob die Straßen beinahe im Nichts endeten. Zwar gibt es eine Grenze, aber keinen Übergang, weder für Touristen aus dem Westen, noch solche aus sozialistischen Ländern. Nur mit einer Sondergenehmigung darf man passieren.

Die Landschaft ist etwas hügelig, Seen und Haff habe ich längst hinter mir gelassen. Die Gegend ist fruchtbar, die Dörfer sehen so aus, als habe sich hier seit dreißig Jahren nichts verändert. Nur in den Ortschaften ragen mittlerweile die Einheitsbauten lokaler Supermärkte hervor mit ihren kärglichen Warenangeboten. Auf sommerlichen Wegen rollen Furmankis, wie die Panje-Wagen auf polnisch heißen, bis zur äußersten Zugfähigkeit der Pferde mit Stroh beladen. Auf den Feldern rattern Erntemaschinen, Kühe weiden in der Hitze des Sommernachmittags. Plötzlich ein Hinweis auf der Straße: Durchfahrt verboten – außer mit Dienstausweis.

Ich halte, steige aus und will meinen Ohren nicht trauen. Ein metallisches Dröhnen erfüllt die Luft, als ob mehrere starke Motoren auf einmal angelassen worden seien. Am Straßenrand sitzt ein alter Mann

in blauem Arbeitszeug. Sein Gesicht ist unrasiert, seine Stiefel lehmbedeckt. In einer Hand hält er das Ende einer Kette, das andere ist um die Hörner einer abgemagerten Kuh geschlungen, die die staubigen Gräser im Straßengraßen frißt. Sein Gesicht zeigt ein verlorenes Lächeln, vielleicht auch nur eine Grimasse.
Desinteressiert sieht er auf mein ausländisches Auto. „Guten Tag", sage ich und frage mit einer Kopfbewegung nach dem eigenartigen Dröhnen. „Was ist denn dort los?" „Was soll los sein? Ernte haben sie, drüben auf der anderen Seite der Grenze. Dahinten fängt Rußland an, wissen Sie." Ein anderer Mann tritt zu uns. „Wohin wollen Sie?", fragt er, „die Grenze ist zu." Ich versichere, daß mich nichts zur Grenze zieht, daß ich mich nur verfahren habe und nach Danzig will. Beide wetteifern miteinander, mir umständlich den Weg zu erklären. Die Geräusche drüben lassen nach. „Wie ist es denn in Danzig?" fragt einer der Männer. Ich zucke mit den Schulter. „Es geht, wenig zu essen und nichts zu trinken." Die beiden grinsen. Daß es auch in der Großstadt einmal Mängel in der Versorgung gibt, scheint sie zu freuen. Auf dem Land haben sie ständig das Problem leerer Läden. „Sind dort hinten Soldaten?" frage ich. „Nicht mehr als sonst auch", sagt der jüngere Bauer. „An der Grenze gibt es immer viele. Aber die haben jetzt mehr Probleme mit Mähdreschern als mit Panzern." Ich setze mich wieder ins Auto und fahre zurück in Richtung Küste. Unterwegs läuft ein Fuchs über die Straße, er bringt sich in letzter Sekunde in Sicherheit. Sonst begegnet mir nichts Auffälliges.
In Danzig sieht alles unverändert aus.

Wie lange halten die das noch durch?

Mehr Fußgänger, weniger Autos, mehr geschlossene Tankstellen, noch weniger Betriebe, die arbeiten, und noch mehr Kontrollpunkte der Polizei als zuvor.
Die meisten darf ich passieren, nur an der Einfahrt zur Lenin-Werft werde ich angehalten. Höflich beugt sich der Polizist zu mir herunter, um meine Papiere zu kontrollieren. Als er meinen Führerschein prüft, lächelt er mit einem Mal freundlich. „Ach, da sind Sie ja wieder, ich habe mich schon gewundert, warum wir Sie heute den ganzen Tag noch nicht gesehen haben. Sagen Sie mal, wie sieht's denn drinnen aus?" Da ich mit Auskünften nicht dienen

„Haltet durch, damit könnt ihr uns am meisten helfen.“ Pani Danuta mit Tochter Magda zu Besuch auf der Werft

Auf ihren Gesichtern spiegeln sich die Strapazen wider

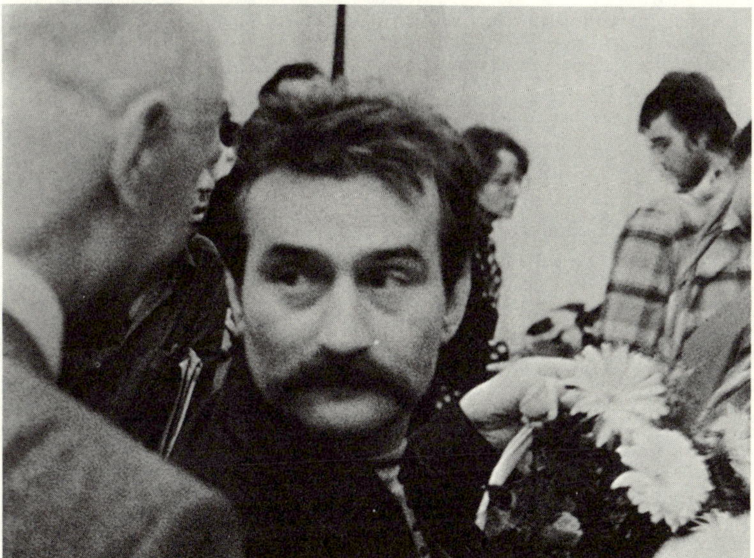

kann, verspreche ich, ihm die neuesten Nachrichten mitzuteilen, wenn ich wieder zurückfahre, vorausgesetzt, er ist dann noch im Dienst.
In der Werft hat sich seit dem Morgen nichts verändert. Die Arbeiter stehen und sitzen überall herum, vor der Kantine hat sich die beim Abendessen übliche Schlange gebildet, durch den Lautsprecher am Tor werden die Namen der Streikenden ausgerufen, die am Zaun von ihren Verwandten und Freunden erwartet werden. Wałęsa ist noch nicht wieder aufgetaucht. Die internen Beratungen des Streikkomitees dauern an. Vor der Krankenstation auf der Werft haben sich Patienten versammelt, in Hausschuhen, Schlafanzügen und Bademänteln. Sie wollen mitbekommen, was sich abspielt.
Auf dem Rückweg von der Werft ist der freundlich lächelnde Polizist noch im Dienst. „Haben die was zu essen?“ fragt er besorgt. „Wie ist es denn mit Decken? Wo schlafen die eigentlich? Wie lange halten die das noch durch?“
Ich beruhige ihn. Zu essen gäbe es genug, auch Decken seien vorhanden. Die Streikenden schlafen in einer großen Produktionshalle, zu der wir Journalisten allerdings keinen Zutritt haben.
Sorgfältig achten die Posten mit ihren weiß-roten Armbinden darauf, daß niemand die Sicherheitsvorschriften verletzt, die normalerweise in jeder polnischen Fabrik gelten.
In die Produktionsabteilungen gelangt ein Fremder nur mit einer Sondergenehmigung der Direktion, doch ist diese gegenwärtig außer Diensten. Also müssen die Streikposten die Aufgaben des Werkschutzes mitübernehmen.
Zwar kennen wir Journalisten alle Einzelheiten des Streiks, alle einzelnen Forderungen und die allgemeine Lage innerhalb des Städtedreiecks, aber gesehen haben wir nur die Straße vom Tor 2 zum Werkschutzgebäude, wo das Streikkomitee tagt. Kollegen mit Polenerfahrung achten darauf, nicht die Grenzen zu durchbrechen, die das Streikkomitee der Berichterstattung gesetzt hat. Nur eingeflogene Journalisten versuchen immer mal wieder Ausflüge in andere Teile der Werft; sie werden von den Posten regelmäßig in ihre Schranken zurückgewiesen.
Was abseits von Tor 2 passiert, läßt sich nur von außen beobachten. Eine meterhohe Betonmauer sperrt das Werftgelände gegen die restliche Stadt ab. Auf dieser Mauer haben sich die Wachtposten inzwischen kleine Plattformen gebaut – zum Schutz vor Regen mit Plastikdächern versehen. Hier können sie schlafen und haben doch einen Überblick

über die ganze Straße. Auf die Mauer außen haben sie mit gelber Farbe ihre Parolen geschrieben: Freiheit für die Kirche, Freilassung der Dissidenten, Abschaffung der Zensur und, immer wieder, Freie Gewerkschaften, Freie Gewerkschaften.

Von ihrer Mauer herunter verteilen die Posten Flugblätter an die Passanten – die Schlangen nach den Papieren sind länger als diejenigen vor den Fleischgeschäften in der Stadt.

Gegen abend sehen die Familien noch einmal vorbei – Mütter mit Kinderwagen, die älteren Kinder an der Hand, die den Streikposten stehenden Vater besuchen. Worte werden gewechselt, vom Bürgersteig zur Mauer hinauf, von der Mauer zur Straße herunter. Es ist das Alltägliche: Tante Agnieszka liegt im Krankenhaus. In unserer Firma ist alles in Ordnung, Milch ist vorhanden, Fleisch ebenfalls, das Kind muß zum Zahnarzt.

Selten fragt eine der Frauen: Wie lange wird es noch dauern? Die Antwort ist stets dieselbe: Solange, bis sie unsere Forderungen unterschrieben haben. – Der Druck lastet auf ihnen, aber nachgeben wollen sie nicht.

„Die Nächte sind am schlimmsten", erzählt mir ein Mitarbeiter der Werftbibliothek. „Morgens, nach eins. Man liegt im Halbschlaf, denn richtig schlafen kann man nicht. Man macht sich Gedanken, man träumt, wartet und wacht. Die Nerven sind bis aufs äußerste gereizt. Immer wieder schreckt man hoch, mit der Gewißheit, ein Rasseln von Panzerketten gehört zu haben. Geräusche wirken nachts viel lauter, doch bisher war es jedes Mal ein kleiner alberner Fiat, der über das Kopfsteinpflaster holperte."

Das alles erzähle ich später dem Polizisten, der über die Tatsache, daß die Streikenden weder unter Hunger noch Kälte leiden müssen, sichtlich befriedigt ist.

„Aber wie lange können sie noch durchhalten?" fragt er.

„Wenn ihr nicht stürmt", sage ich, „dann bis zum St. Nimmerleinstag."

Die Regierung reagiert

Der Mann hat Mut

„Wir halten durch“, ruft Lech Wałęsa morgens am Tor, „und wenn es ein Jahr dauert, wir halten durch.“
Eine vieltausendköpfige Menge klatscht Beifall. Die Probleme, die durch den Streik für die Bürger von Danzig, Gdingen und Zoppot entstanden sind, scheinen sie wenig zu stören.
„Wir sind an deiner Seite“, ruft eine Frau, die sich mit einem kleinen Jungen an der Hand bis in die vorderste Reihe durchgedrängt hat. Sie steht dicht vor dem Kasten, der seit geraumer Zeit neben dem Papstportrait hängt und die Aufschrift „Streikkasse“ trägt. Zu drei Vierteln ist er schon gefüllt mit Münzen, 50-, 100- und sogar 1000-Zlotyscheinen. Dazwischen sieht man aber auch Dollars, Fünfzigmarkscheine, Pfundnoten und schwedische Kronen. Nicht alle harten Währungen stammen von ausländischen Besuchern des Werfttors. Für den Streik sind den Danzigern nicht mal ihre oft bescheidenen Devisenvorräte zu schade.
„Nur noch ein paar Tage“, sagt Wałęsa ins Mikrophon, das ihm jemand auf den Elektrokarren hinaufgereicht hat: „Nur noch ein paar Tage, dann müssen sie mit uns sprechen.“
Es dauert nur noch wenige Tage, Wałęsa weiß das inzwischen schon, auch wenn er es nicht zugibt. Vor sieben Stunden hatte er mit zwei Kollegen heimlich die Werft verlassen. Sein Ziel: die Villa der Sozialistischen Pfadfinderjugend in einem Danziger Vorort. Sein Gesprächspartner: der Leiter der Regierungskommission, Mieczysław Jagielski. Gegenstand der nächtlichen Unterhaltung: Wie soll es weitergehen?
Nach langen und zähen Tagen des Wartens hat sich Warschau endlich entschlossen, der Regierungskommission grünes Licht für Gespräche zu geben. Auch die engstirnigsten Funktionäre der kommunistischen Partei haben mittlerweile begreifen gelernt, wie die Alternative lautet: entweder Gespräche mit den Streikenden oder ein Blutbad, das wie in den Jahren 1956 und 1970 die Parteiführung hinwegfegen wird.
So steht am 23. August nachmittags plötzlich ein Herr mittleren Alters vor dem Werfttor. Er ist mit einem Dienstwagen vorgefahren; die Anstrengung, die es ihn kostete, sich die letzten Meter zu Fuß durch die Menschenmenge zu drängen, hat ihn sichtbar nervös gemacht. Nach einem kurzen Wortwechsel öffnen die Streikposten die Gitter-

tür, und noch ehe Journalisten und Zuschauer den Vorgang richtig begriffen haben, ist Lech Wałęsa mit dem Regierungspräsidenten von Danzig, dem Wojewoden, in einem Beratungszimmer verschwunden. Die Führung, so scheint es, zeigt endlich ein Einsehen. Hatten Propagandafunktionäre zunächst noch erklärt, mit streikenden Konterrevolutionären werde nicht verhandelt, schon gar nicht mit einem kriminellen Lech Wałęsa, und erst recht nicht auf dem Werftgelände, so scheint die Partei nun begriffen zu haben, daß allein Verhandlungen die Lage bereinigen können. Der Wojewode ist als Parlamentär gekommen, um den Weg für Gespräche mit der Regierungskommission zu ebnen. Eine Stunde lang dauert dieses erste Abtasten der Situation zwischen dem Streikführer und dem Chef der Danziger Bezirksverwaltung.

Zwar ist niemand zu ihrem Gespräch zugelassen und die Lautsprecheranlage abgeschaltet, dennoch hat sich die Nachricht in Windeseile auf der Werft verbreitet.

„Jetzt sind sie zu Kreuze gekrochen", sagt ein junger Schlosser zu seinem älteren Arbeitskollegen. Seine Stimme klingt freudig erregt. Der Ältere schüttelt bedächtig den Kopf: „Auf jeden Fall werden sie nicht mehr schießen, wenn sie schon mal gekommen sind."

Als die Verhandlungspartner den Beratungssaal wieder verlassen und gemeinsam zu Fuß zum Tor zurückgehen, steht erstmals nicht Leszek, sondern der Mann der Regierung im Zentrum der Aufmerksamkeit aller Reporter. Die Fotografen stürzen sich auf Jerzy Kołodziejski. Doch dieser will nichts sagen, außer einem Satz: „Ich bin an solche Situationen leider nicht gewöhnt."

Er meint den Streik, die Reporter und die Tatsache, daß er plötzlich mit einem Mann verhandelt, der gestern noch als Antisozialist galt.

„Heute ist der Tag des Friedens! Warte ab, ich kann jetzt nicht."

Kein Zweifel, Leszek wirkt entspannt:

„Das bedeutet aber erst den Anfang, zu Ende ist das hier alles noch lange nicht!"

Am Abend dieses Tages stehen Wałęsa und der Direktor der Lenin-Werft gemeinsam am Tor 2 und warten auf die Regierungsdelegation. Dem Werftdirektor Gniech ist die Nervenanspannung der letzten Tage mehr anzumerken als dem Streikführer. Zu Beginn des Aufstands hatte sich Gniech mit seinem Dienstmotorboot über das Hafenbecken aus dem Werftgelände abgesetzt, um der örtlichen Parteiführung Lagebericht zu erstatten. Danach schickte ihn der Parteisekretär wieder auf

die Werft zurück. Seit der Zeit harrte er in seinem Büro aus. Noch vor wenigen Tagen hatte Leszek gedroht, ihn durch seine Streikposten verhaften zu lassen; Arbeiter hatten ihm von Provokationen aus der Direktionsetage berichtet.
Nur wenige Wochen zuvor hätte der Direktor den aufsässigen Arbeiter noch gewaltsam aus dem Werftgelände entfernen lassen können. Nun stehen sie beide einträchtig und wie Gleichberechtigte am Tor und warten auf die Regierungsabordnung.
Wie er sich jetzt fühle, frage ich den Werftdirektor, und ob er glaube, daß alles gut ausginge?
„Fragen Sie mich das in vier Tagen noch einmal", antwortet er in fast akzentfreiem Deutsch, „vielleicht kann ich Ihnen dann eine Antwort geben."
Der Mann, der in normalen Zeiten die höchste Autorität auf der Lenin-Werft darstellt, wird bei den Verhandlungen der folgenden Tage stets anwesend sein. Seinen Platz sucht er sich auf der Seite des Tisches, wo die Arbeiter sitzen, zur Verblüffung der Streikenden wie der Regierungsabordnung.
Immer noch warten Tausende von Arbeitern und Bürger der Stadt mit ihnen.
Es ist inzwischen dunkel geworden. Plötzlich geht ein Raunen durch die Menge. In die Zufahrtsstraße zur Werft ist ein Autobus eingebogen. Der Wagen bahnt sich seinen Weg durch die Menschen, die nur zögernd beiseite treten. Die Insassen des Fahrzeuges sind hohe Partei- und Regierungsfunktionäre. Ihre Gesichter, trotz der Dunkelheit gut zu erkennen, wirken verschlossen. Sie wagen sich auf die Lenin-Werft, mitten unter die Streikenden, ins Zentrum dessen, was Parteichef Gierek zu diesen Zeitpunkt noch als Konterrevolution bezeichnet. Der Bus fährt langsamer, am Haupteingang der Werft muß er endgültig anhalten. Die beiden Torflügel lassen sich nicht weit genug öffnen, zu dicht gedrängt stehen hier Zuschauer und Arbeiter. Einige Hitzköpfe hämmern mit den Fäusten gegen die Wände des Fahrzeugs, Wut und Nervenspannung der vergangenen Tage brechen sich Bahn. Wałęsa, schon mit einem Fuß auf dem Trittbrett des Autobusses, dreht sich um: „Ruhe, Ruhe, Ruhe!" skandiert er, ein Sprecher fällt ein. Besonnene Ordner drängen die Krawallmacher zurück. Als der Bus wieder anfährt, ruft der Sprechchor nicht mehr „Ruhe!", vielmehr klingt hinter den Regierungsvertretern der Schlachtruf dieses Streiks her: „Leszek, Leszek, Leszek."

Im großen Verhandlungssaal herrscht eisige Stille. Stehend erwarten die inzwischen fast 600 Delegierten des überbetrieblichen Streikkomitees ihre Verhandlungspartner. Diese nehmen am Kopfende des Saales auf dem Podium Aufstellung, zwischen dem Kreuz, das seit einigen Tagen die Stirnwand schmückt, und der überlebensgroßen Statue Wladimir Iljitsch Lenins, dem die Werft ihren Namen verdankt. Einige Minuten sind beide Gruppen einander schweigend konfrontiert, dann verlassen das Streikkomitee mit seinen Papieren und die Regierungsmannschaft mit ihren Akten wortlos den Saal, um in einem Nebenraum ihre Beratung aufzunehmen. Erst jetzt löst sich die Spannung in Beifall auf. Und wieder der Sprechchor: „Leszek, Leszek, Leszek!"

Die Mitglieder der Regierungskommission sollen wissen, daß sie es nicht mit irgendeinem hergelaufenen Elektromonteur zu tun haben, sondern mit dem autorisierten Vertreter von über einer halben Million streikender Arbeiter. Parteisekretäre, Wojewode und Minister müssen es sich gefallen lassen, nun ohne Anerkennung von Rangunterschieden mit den Arbeitern zu diskutieren. Manchen von ihnen mag es so vorkommen, als würden jene zu Kreuze kriechen; in Wirklichkeit tun sie nichts, was nicht in den Lehrbüchern der europäischen Arbeiterbewegung verzeichnet ist. Doch die direkten Diskussionen, Rede und Gegenrede mit dem Proletariern, sind für viele von ihnen ein ungewohntes Geschäft.

Nicht gewohnt sind sie daneben die Öffentlichkeit, in der ihre Beratungen stattfinden sollen; ein Heer von Reportern und Delegierten und eine Lautsprecheranlage, die jedes Wort auf das gesamte Werftgelände laut und deutlich überträgt. Hier gibt es kein Mauscheln unter Funktionären. Der stellvertretende Ministerpräsident Jagielski spricht aus, was manche der Kommissionsmitglieder empfinden mögen: „Ich bin es nicht gewohnt, in Polen polnische Angelegenheiten vor den Augen und Ohren ausländischer Journalisten zu besprechen."

Doch die streikenden Arbeiter wollen hören, was drinnen geschieht. Daß die Weltpresse die Gespräche direkt erfährt, ist ihnen nicht gleichgültig, sondern willkommen. Sie wissen, daß eine vollständige Berichterstattung über die Vorgänge auf der Lenin-Werft ihrer Sache nur dienlich sein kann.

An diesem Abend aber gibt es nicht viel zu erfahren. Die Verhandlungspartner tasten einander ab, äußern ihre Standpunkte, versuchen die Schwächen und Stärken des anderen herauszufinden. Schließlich

macht Wałęsa klar, daß er auf ein Zeichen der Kompromißbereitschaft von der Gegenseite wartet.
„Wir können nicht anfangen, miteinander zu sprechen, bevor die Behörden die Fernsprechverbindung zwischen Danzig und dem Rest Polens wieder hergestellt haben.“
Der Einwand Jagielskis, für solche Fragen sei das Postministerium zuständig, verfängt nicht. Leszek antwortet darauf:
„Nebenan steht ein Telefon. Rufen Sie doch den Minister an. Sie als Vizepremier kennen ihn doch besser als ich.“
Man vertagt sich auf morgen.

Wenn die wollen, kann ich überall im Land für Ruhe sorgen. Aber erst müssen unsere Forderungen erfüllt sein.

Am 24. August finden keine Verhandlungen statt. Leszek ist zwar wie verabredet zum Tor gekommen, um die Delegation zu empfangen, doch erscheint diese nicht. Premier Jagielski mußte nach Warschau fliegen, und seine Kollegen in der Regierung davon überzeugen, daß eine Wiederherstellung von Telefonverbindungen mit der Ostseeregion nicht einen Tribut an neue, unverschämte Forderungen der Streikenden darstellt, sondern die Vorbedingung erfolgreicher Gespräche ist.
Auf der Werft wartet man erneut. Die Stimmung ist eine Spur ungeduldiger als noch vor zwei Tagen. Der schnelle Abbruch der Gespräche hat viele Belegschaftsmitglieder nervös gemacht. Das Gerücht geht um, alles sei nur ein Trick gewesen und die Kommission sei lediglich gekommen, um den Streikenden Sand in die Augen zu streuen, während draußen endgültig ein gewaltsames Eingreifen vorbereitet würde. Leszek läßt sich durch solche Stimmungen nicht anstecken.
„Ob die Kommission nun kommt oder nicht,“ sagt er, „wir haben hier unsere Arbeit zu tun. Die werden schon wieder bei uns auftauchen, einfach weil sie müssen. Sie können uns nicht ignorieren – nicht bei 500000 Mann im Streik.“
25. August 1980, 9 Uhr, Leszek nimmt sein tägliches Bad in der Menge.
„Heute fühle ich mich wie ein Löwe, und ich werde kämpfen wie ein Löwe. Zwei Informationen für Sie: erstens für heute abend laden wir wie immer zur Heiligen Messe ein. Zweitens sollen um 11 Uhr die

Der Wojewode kommt. Die Verhandlungen beginnen

„Wir machen weiter, und wenn es ein Jahr dauert."

Verhandlungen. Mit Andrzej Gwiazda und Bogdan Liz

Gespräche mit der Regierungsdelegation fortgesetzt werden. Alle Hindernisse für diese Gespräche sind ausgeräumt. Es gibt keine ernsten Probleme mehr, wir müssen jetzt nur noch warten, warten und nochmals warten. Ich gehe davon aus, daß alles so entschieden wird, wie die Mehrheit das wünscht. Wir vom Komitee jedenfalls werden nicht einen Millimeter zurückweichen. Aber wir müssen uns auch auf eure Hilfe verlassen können, denn ohne euch sind wir nichts als elende Würmer."

Die Leute klatschen, Leszek hat genau den Ton getroffen, der sie anrührt. Kein Funktionärsgeschwätz, kein Parteichinesisch, hier redet einer wie sie. Sie haben Vertrauen zu diesem Mann, sie wissen, er wird für ihre Sache einstehen, koste es, was es wolle. Deshalb hören sie auf ihn, wenn er sagt:

„Ich bitte euch herzlich, in aller Ruhe bis 11 Uhr, bis zum Gesprächsbeginn zu warten. Wenn die Herren durch dieses Tor auf die Werft fahren, dann verzichtet bitte darauf, wieder gegen ihren Bus zu hämmern. Das ist ungehörig und macht nur sinnlosen Krach. Warum sollen wir uns denn aufregen, wenn wir alle unsere Probleme und Forderungen wie erwachsene Menschen miteinander besprechen können? Wir empfangen sie ruhig und höflich, wie sich das für ernste Gesprächspartner gehört, ohne dummes Herumgeschubse. Wißt ihr, Kinder, es liegt mir wirklich sehr daran, daß alles höflich, ruhig und ernsthaft abläuft. Ich möchte mich schließlich nicht schämen müssen. Damit wir uns daran erinnern, daß wir hier für unsere gemeinsame polnische Sache stehen, singen wir jetzt alle zusammen: „‚Noch ist Polen nicht verloren, solange wir leben.' "

Die Leute singen, singen auch noch „Gott schütze Polen", beide Lieder sind inzwischen die Hymnen des polnischen Sommers 1980 geworden. Wenn Wałęsa ihnen sagt, sie sollen die Regierungsdelegation mit Würde und Ernst empfangen, dann ist das mehr wert als ein ganzes Batallion von Ordnungshütern.

Durch die Werft geht die Nachricht, die jeder an den anderen weitergibt: die Telefonblockade ist aufgehoben. Die Gespräche können fortgesetzt werden. Zur Debatte steht an diesem Tag die wichtigste aller Forderungen. Es geht um das Streikrecht. Der Ton zwischen beiden Verhandlungsführern ist formell, höflich, geschäftsmäßig. Jagielski, obwohl nur stellvertretender Ministerpräsident, hat das Recht auf die Anrede ‚Herr Premier'. Im Polnischen wird es, wie fast überall auf der Welt, als besonders höflich angesehen, jemanden nicht mit

seinem Namen, sondern nur seinem Titel anzureden; so wendet sich grundsätzlich der Leiter der Regierungskommission an Wałęsa mit den Worten: ‚Herr Vorsitzender' ...
Zu Anfang der Verhandlungen äußert der Premier eine Bitte an den Vorsitzenden: „Ich hatte noch nie das Vergnügen, bei Gesprächen die ganze Zeit über gefilmt zu werden. Vielleicht könnten die Kollegen vom Fernsehen ihre Kameras ausschalten."
Gemeint sind ein polnisches Dokumentarfilmteam und der Kameramann des Deutschen Fernsehens, die als einzige bei den Verhandlungen dabei sind. Sie schalten ihre Kameras ab, mein Ton läuft weiter. Wałęsa beginnt:
„Die wichtigste Frage für uns ist das Problem von wirklich freien, unabhängigen und wirklich selbstverwalteten Gewerkschaften. Wir haben heute in Polen eine schwere Wirtschaftskrise. Sie ist die Folge davon, daß die Arbeiterschaft keine eigene Gewerkschaftsvertretung besitzt. Sie, Herrr Premier, haben sich inzwischen davon überzeugen können, daß wir nicht gegen die sozialistische Gesellschaftsordnung kämpfen. Wir wollen das Prinzip des gemeinsamen Eigentums an den Produktionsmitteln nicht angreifen. Unsere Betriebe betrachten wir als Eigentum des polnischen Volkes. Aber wir wollen als Arbeiter Herren im eigenen Haus sein. Man hat uns mehrfach Reformen versprochen. Jetzt haben wir beschlossen, uns unser Recht mit Hilfe von Streiks zu nehmen."

Es ist so wenig Zeit. Ich hätte ihn gerne näher kennengelernt.

Doch Mieczysław Jagielski ist kein einfacher Gegner. Er ist nach Danzig weder als Falke noch als Taube gekommen. Er will unvoreingenommen erkunden, ob dieser Wałęsa wirklich das Vertrauen der Arbeiter hat, und eine Lösung finden, bei der die Staats- und Parteiführung möglichst geringe Machtverluste hinnehmen muß.
„Herr Vorsitzender, bevor sich unsere Experten mit Ihrer Forderung nach Freien Gewerkschaften beschäftigen, möchte ich meiner persönlichen Zufriedenheit darüber Ausdruck verleihen, daß wir miteinander über Themen sprechen können, die wir aus tiefster Überzeugung als für die Werktätigen der Wojewodschaft wesentlich betrachten.
Ich habe erfahren, daß mancher an der Ehrlichkeit meines Willens gezweifelt hat, diese Gespräche zu führen. Ich möchte Ihnen sagen,

daß wir eindeutig eine positive Einstellung den meisten Forderungen gegenüber bezogen haben, die direkt die Interessen der Belegschaft betreffen, ihre Arbeits- und Lebensbedingungen, ihre Familien und nächsten Angehörigen. Ich bestehe aber auf der Zweckmäßigkeit, mit den hier anwesenden Ministern und Vizeministern über Lohnerhöhungen, Verbesserungen der Arbeitsbedingungen und weitere soziale Fragen gesonderte Gespräche zu führen."

Die Marschrichtung ist deutlich erkennbar. Lohnerhöhungen für Werft- und Hafenarbeiter, für die Betriebe der Elektroindustrie, der Landwirtschaft und Nahrungsmittelbranche sowie für die Angestellten der städtischen Verkehrsbetriebe werden zugesagt. Mit bewußter Naivität erklärt Jagielski: „Damit haben wir bei den genannten Werktätigen alle Probleme gelöst, die nach meiner Auffassung die Streiks herbeigeführt haben."

Auch die übrigen wirtschaftlichen Forderungen erledigt der Verhandlungsleiter der Regierung, so scheint es, mit der linken Hand.

Forderung 10: bessere Versorgung mit Lebensmitteln und ein Export nur der Überschüsse; abgehakt, die Forderung sei berechtigt und die Regierung bemühe sich hier nach Kräften.

Forderung Nr. 11: Einführung von Lebensmittelkarten für Fleisch und Fleischprodukte, bis sich die Marktsituation normalisiert habe; die Regierung stimme zu und bäte um entsprechende organisatorische Vorschläge.

Forderung Nr. 12: Stichwort: Beendigung des sogenannten „inneren Exports"; darüber muß noch gesprochen werden.

Forderung Nr. 13: Gleiche Familienzuschläge für alle; bis Ende November werde die Regierung dazu ein Programm vorlegen.

Forderung Nr. 14: Senkung des Rentenalters für Frauen auf 50, für Männer auf 55 Jahre; dieses Begehren übergeht der Minister elegant. Für jeden im Saal ist klar: Keine Aussicht auf Verwirklichung.

Forderung Nr. 15: Anpassung der Altrenten an die gegenwärtig gezahlten Renten; jawohl, das werde im nächsten Jahr erfolgen.

Bei den Punkten 16, 17, 18 und 19 – u. a. Verbesserung der medizinischen Versorgung, bezahlter Mutterschaftsurlaub in den ersten drei Jahren, Verkürzung der Wartezeit für neue Wohnungen etc. – werde die Regierung selbstverständlich ihre Bemühungen verstärken.

Auch über die Forderungen Nr. 20 und 21 nach Anhebung der Tagegelder und Einführung freier Samstage würden die zuständigen Ministerien wohlwollend nachdenken.

Die Fallen sind gestellt. In praktisch allen Punkten, die die soziale Situation der Arbeiter betreffen, scheint die Regierung bereit, nachzugeben. Aber auf beiden Seiten des Verhandlungstisches ist sich jedermann darüber im klaren, daß die Regierung sich ein solches Nachgeben eigentlich gar nicht leisten kann. Die Regierungskommission hofft offenbar darauf, daß sich die Basis von der Streikführung ablösen werde, wenn erst einmal einige mit Händen zu greifende Erfolge erzielt seien; auch dann, wenn diese Erfolge zunächst nur auf dem Papier stünden.

Kehrten die streikenden Arbeiter mit der Hoffnung auf vollere Lohntüten an ihre Arbeitsplätze zurück, so das Kalkül auf seiten der Partei, dann bliebe die Streikführung auf ihren politischen Forderungen wie auf altbackenem Brot sitzen. Doch die Arbeiter lassen sich nicht für dumm verkaufen. Zu oft schon war versucht worden, sie mit ein paar Zloty mehr abzuspeisen. So hat Lech Wałęsa keine Schwierigkeiten, am Ende dieser Verhandlungsrunde dem Streikkomitee klar zu machen, daß ohne ein Zugeständnis Freier Gewerkschaften nichts, aber auch gar nichts weiterginge.

Nach den Gesprächen treffe ich Wałęsa für einige Minuten. Er muß etwas essen, Henryk beschwert sich, daß inzwischen ohnehin alles kalt geworden sei. Nichts scheint Henryk, Leszeks Leibwächter, – man ist fast versucht, den vierschrötigen Seemann seinen Leib- und Magenwächter zu nennen – mehr zu stören als ein stehengelassenes Mittagessen aus der Werftkantine. Während Wałęsa halb widerwillig kaut, redet er über die Verhandlungen:

„So mußte das laufen, damit habe ich gerechnet. Schon bei den Streiks in Lublin sind sie so vorgegangen. Sie haben sofort Geld auf den Tisch gelegt, das sie gar nicht haben. Dadurch hoffen sie, uns von unseren eigentlichen Forderungen abzubringen. Der Herr Ministerpräsident Jagielski ist ein Ehrenmann. Genau wie ich will er das Beste für unser Land. Aber weil er kein Arbeiter ist, kann er eins nicht verstehen: Alles, was wir hier am Verhandlungstisch erreichen, werden uns die Funktionäre Stück für Stück wieder abnehmen, wenn wir keine Freien Gewerkschaften gründen. Das ist das ein und alles. Dafür machen wir diesen Streik. Nicht für die paar Zloty mehr, für die man sich in den Läden ja doch nichts kaufen kann."

Mit Jagielski als Verhandlungspartner ist Wałęsa sehr zufrieden.

„Der Ton ist ernsthaft, wie es sich gehört. Wir sprechen höflich miteinander; er ist ein sehr gebildeter Mann, der viel weiß und viel erlebt hat. Jemand, den ich respektieren kann. Ich habe das Gefühl, er akzeptiert auch mich."

Wir können noch lange verhandeln, aber sollte es schneller gehen, dann würden wir selbst am Sonntag arbeiten.

Die Verhandlungen gehen weiter, beinahe jeden Tag treffen sich die Experten beider Seiten, um Grundlagen für die Diskussion von Einzelfragen auszuarbeiten. Jagielski fliegt regelmäßig nach Warschau, um seine Verhandlungslinien mit dem Politbüro abzustimmen.
Primas Kardinal Wyszynski bittet in einer Predigt in Tschenstochau um Ruhe und Arbeitsfrieden für Polen. Die Rede wird im polnischen Fernsehen übertragen, sie löst erregte Diskussionen aus. Die Arbeiter verstehen die Predigt ihres Oberhirten als eine Aufforderung, den Streik zu beenden. Prompt ist am nächsten Tag an einem der Werfttore unter dem Bild der Mutttergottes von Tschenstochau die Aufschrift zu lesen: „Auch die Muttergottes streikt".
Gerüchte tauchen auf, wonach die Parteiführung einen halben Tag und ihre sämtlichen Überredungskünste benötigt habe, damit der Kardinal die Arbeiter zur Disziplin auffordere. Das wollen die Bischöfe nun ihrerseits nicht unwidersprochen hinnehmen. Noch in der Nacht im Anschluß an die Übertragung der Predigt Kardinal Wyszynskis fordert der polnische Episkopat in einem Hirtenbrief Gewerkschaftsfreiheit für die Polen.
Die Partei hat inzwischen aus der Lage an der Küste personelle Konsequenzen gezogen. Doch die Neubesetzungen interessieren die Arbeiter nicht.
„Wir haben dreizehn Tage lang gekämpft", sagt Lech Wałęsa, „jetzt werden wir uns nicht mit ein paar Versprechungen einer besseren Zukunft zufriedengeben."
Über dem Tor ist mittlerweile ein neues Transparent aufgezogen worden: „Proletarier aller Betriebe vereinigt euch!" Eine Aufforderung, die hier kaum noch notwendig erscheint. Die Massenmedien berichten weiter über alle wirtschaftlichen Schäden, die der Streik anrichtet: über die Produktionsausfälle, über dringend benötigte Konsumgüter, die nicht mehr importiert würden. Im Zentralkomitee der Polnischen Kommunistischen Partei finden Grabenkämpfe statt. Die Frage, mit der die Funktionäre beschäftigt sind, lautet nicht mehr: Wie

konnte es dazu kommen?, auch nicht: Wie kommen wir da wieder raus?, sondern nur noch: Wen machen wir zum Sündenbock?
Die Streikenden sitzen am längeren Hebel. Ihre Aktionen lähmen nicht nur die Wirtschaft des Landes, sie lähmen auch die Politiker. Nur wenige Männer der Warschauer Führung sind in jenen Tagen noch dazu bereit, sich zu exponieren. Zu denen, die mit ihrer Meinung nicht hinter dem Berge halten, gehört Mieszysław Rakowski, Chefredakteur der angesehenen Wochenzeitschrift „Polityka". Er kann von sich behaupten, sein Mäntelchen nie nach dem Winde gehängt zu haben. Stets ist er für mehr Liberalität, mehr Mitbestimmung und mehr Effizienz eingetreten. Beschwörend appelliert er an die Streikenden. Sein Appell, auf eine Kurzform gebracht, lautet: „Ihr habt schon viel für Polen erreicht, überspannt den Bogen nicht. Laßt mit euch reden."
Die Liberalen in der Vereinigten Polnischen Arbeiterpartei scheinen nicht mehr daran zu glauben, daß die Verbündeten Polens bereit sein werden, die systemwidrige Zulassung Freier Gewerkschaften zu dulden.
Als die Regierungskommission zu erneuten Verhandlungen auf die Werft kommt, lassen die Männer erste Anzeichen von Erschöpfung erkennen. Das ständige Hin und Her zwischen Verhandlungsfront und Zentralkomitee hat auch Jagielski sichtlich mitgenommen. Abermals bittet er darum, das Fernsehen aus dem Verhandlungsraum zu entfernen.
Seine Augenkrankheit verschlimmert sich während der aufreibenden Tage. Eine der Verhandlungspausen nutzt er, um Wałęsa zu erzählen, warum ihn Licht derartig störe.
„Während der Zeit der deutschen Besatzung saß ich im Gefängnis in Plock. Man hat uns ein Jahr lang im Keller gefangengehalten. Im Ersten Weltkrieg hatten die Deutschen an diesem Gebäude die Aufschrift angebracht: ‚Dieses Haus schützt die Guten und jagt den Bösen Angst ein.'
Als ich verhaftet wurde, ich war zu der Zeit 17 Jahre alt, hatte man die Aufschrift aus dem Jahr 1914 erneut angebracht. Wir saßen in Dunkelhaft. Von Zeit zu Zeit wurden wir zum Verhör geholt, aber man stellte uns keine Fragen, wir wurden einfach nur geprügelt. Man zog uns nackt aus und kettete uns an einen Tisch. Ich erinnere mich heute noch an eine Frau, sie war wunderschön, die mit zwei uniformierten Hünen erschien; auch an einen Stuhl mit einem Kissen, das unter Strom

gesetzt werden konnte. Die Frau hat mich mit einem Schlagring traktiert, an dieser Stelle hier hat sie mir den Bauch mit einem Bajonett aufgeschlitzt. Einen Finger schnitten sie mir ab, und dann warfen sie mich hinaus auf die Straße in den Dreck. Meine Mutter wurde ebenfalls nach einem Jahr Dunkelhaft entlassen, sie war psychisch unheilbar krank. So etwas hinterläßt seine Spuren. Deshalb wäre ich wirklich dankbar, wenn die Scheinwerfer abgeschaltet werden könnten."

An diesem Tag schaltete das Deutsche Fernsehen seine Scheinwerfer nicht wieder an.

Streikzeitung „Solidarität", 29. August 1980:

„Die heutigen Gespräche gingen um die Forderungen nach Abschaffung der Zensur und um Straffreiheit für die Streikenden, für ihre Helfer und für politische Häftlinge. Das Wort ergriff Lech Badkowski, Mitglied der Streikleitung.

Er wies auf die Tatsache hin, daß immer wieder in stärkerem oder geringerem Maße mittels der Zensur in das politische, wirtschaftliche, soziale und kulturelle Lebens unseres Landes eingegriffen worden sei.

Er betonte, daß es keineswegs darum ginge, die Zensur gänzlich abzuschaffen. Vielmeher handele es sich darum, einen rechtlichen Rahmen für die Tätigkeit der Zensurbehörde zu schaffen, welcher ein vollständiges und zuverlässiges Informationswesen sowie eine freie Äußerung von Meinungen und Weltanschauungen der Bürger gewährleiste.

In seiner Antwort erklärte Jagielski, die Stellungnahme der Regierungskommission in dieser Frage sei im Grunde identisch mit den Forderungen des überbetrieblichen Streikkomitees. Problematisch sei nur die Formulierung einzelner Bestimmungen, wie die Arbeit der Zensurbehörde durchgeführt werden solle."

Erneut hatten die Streikenden der Regierung ein Zugeständnis abgerungen. Offen war an diesem 29. August die entscheidende Frage, ob die Arbeiter Polens das Recht haben sollten, sich in der Form von unabhängigen Gewerkschaften zu organisieren. Und offen geblieben war daneben die Entscheidung über die Freilassung jener Regimekritiker, die im Laufe des Streiks verhaftet worden waren.

Zu dem Zugeständnis jedoch, daß das Streikrecht mit der politischen Verfassung Polens zu vereinbaren sei, hatten sich die Parteiideologen schon Tage zuvor bereit gefunden.

Mit den entsprechenden Direktiven reist Jagielski zur nächsten Ver-

Nach Warschau zu Beratungen und wieder zurück auf die Werft. Jagielski mit Wałęsa und Werftdirektor Gniech, im Vordergrund Henryk Mazur

Übereinstimmung in einigen Punkten des Abkommens

handlungsrunde an. „Jemand von Ihnen hat gesagt: ‚Heute ist Jagielski der Vorsitzende der Kommission, aber in zwei, drei Wochen gibt es vielleicht keinen Jagielski mehr. Deshalb soll nicht er persönlich, sondern die Partei als ganze ihren Standpunkt in dieser Frage klarlegen!'
Deshalb, Herr Vorsitzender Wałęsa, schlage ich vor, daß wir unser Abkommen paraphieren. Ich werde unterschreiben und Sie werden unterschreiben, im Namen der Streikleitung oder der hier Versammelten.
Das unterzeichnete Dokument werde ich nach Warschau mitnehmen, wo heute das Plenum des Zentralkomitees tagt. Ich werde dem ZK Bericht erstatten, dann komme ich zurück, und wir unterschreiben feierlich das Protokoll. Schließlich sind ja nur noch drei Punkte, politische Forderungen, offengeblieben. Ich sage euch ehrlich, ich für meinen Teil bin jetzt mit euch einig. Aber wenn sich andere daran setzen, werden sie jedes Komma analysieren. Wundert euch nicht darüber. Ich bin Professor, wenn man mich derart in die Enge triebe, würde ich auch an jedem Komma herumdeuteln. Schließlich geht es uns aber doch um etwas anderes: wir wollen den sozialen Konflikt hier prinzipiell lösen. Wo ist das Kommuniqué? Gebt es mir zur Unterschrift."
Abermals erweist sich Wałęsa als der hartköpfigere Verhandlungspartner.
„Herr Ministerpräsident, wir haben nur noch drei Punkte, und auch bei diesen sind wir bereits im Endstadium der Diskussion. Ich schlage vor, Punkt 2 zu verlesen."
Forderung Nr. 2 lautet: „Sicherung des Rechts auf Streik; Straffreiheit für die Streikenden und für die sie unterstützenden Personen." Nach kurzem Hin und Her – Papiere und Vorlagen sind mittlerweile durch Anmerkungen und Anmerkungen zu den Anmerkungen beinahe unleserlich geworden – einigt man sich auf folgende Formulierung:
„Das Recht auf Streik wird im noch auszuarbeitenden Gewerkschaftsgesetz verankert. Das Gesetz soll die Bedingungen der Ausrufung und Organisation von Streiks, Methoden zur Lösung strittiger Fragen sowie die Verantwortlichkeit bei Gesetzesüberschreitungen festlegen. Auf die Streikenden werden die arbeitsrechtlichen Gesetze über Arbeitsverweigerung nicht angewendet. Bis zur Verabschiedung des Gesetzes garantiert die Regierung den Streikenden und den sie unterstützenden Personen Straffreiheit und Aufrechterhaltung ihrer bisherigen Arbeitsverhältnisse."

Damit ist eine weitere Klippe umschifft. Nach wie vor offen jedoch bleibt die Frage, ob die Arbeiter Polens das Recht haben sollen, sich in Freien Gewerkschaften zusammenzuschließen.
Hier hakt Wałęsa sofort ein. Die entsprechenden Ausführungen von seiten der Regierung klangen für ihn zu glatt, zu flüssig. Er fürchtet um seinen wichtigsten Punkt, die Forderung Nr. 1.
„Einen Moment, bitte. Das alles ging zu schnell. Wir können so rasch gar nicht tippen. Wir machen jetzt erst einmal fünf Minuten Pause und überlegen gemeinsam; wir sind leider etwas langsamer als Sie. Dann erst fangen wir an, uns noch einmal über Punkt 1 zu unterhalten."
Jagielski bietet dem Streikführer seinen Text an, denn „er ist identisch mit dem, was wir gesagt haben."
Aber Wałęsa bleibt auf der Hut. „Es ist immer besser, wenn man seinen eigenen Text hat. Deshalb warten wir noch ein wenig. Andrzej Gwiazda kann in dieser Zeit unsere Vorstellungen über Punkt 1 verlesen."
Jagielski wirft ein, daß doch alles schon bekannt sei, aber Wałęsa bleibt unbeirrbar. „Wir müssen das noch einmal zur Sprache bringen. Es ging wirklich zu schnell. Keiner weiß mehr genau, was eigentlich besprochen wurde, und, vor allen Dingen, die Delegierten im Saal haben auch nicht alles verstanden. Ich bitte darum, Formalitäten einzuhalten und sowohl unsere Ansicht zu diesem Problem als auch Ihre Stellungnahme nochmals zu wiederholen."
Jagielski erklärt sich einverstanden, und Andrzej Gwiazda faßt zusammen:
„Die Arbeit der Gewerkschaften in der Volkrepublik Polen hat die Hoffnungen und Erwartungen der Werktätigen nicht erfüllt. Deshalb erscheint es zweckmäßig, neue, selbstverwaltete Gewerkschaften zu gründen. Sie sollen bevollmächtige Vertreter der Arbeiterklasse sein. Das Recht jedes einzelnen, Mitglied der alten Gewerkschaften zu bleiben, soll damit nicht in Frage gestellt werden; Möglichkeiten einer Zusammenarbeit zwischen beiden Gewerkschaften sollen künftig überprüft werden.
Das Überbetriebliche Streikkomitee stellt fest, daß es bei der Gründung neuer, unabhängiger und selbstverwalteter Gewerkschaften die in der Verfassung der Volksrepublik Polen verankerten Prinzipien befolgen wird.
Die neuen Gewerkschaften werden die materiellen und sozialen In-

teressen der Arbeiterschaft vertreten und erklären ihre Absicht, nicht die Rolle einer neuen politischen Partei zu übernehmen.
Sie bekennen sich dazu, daß die Produktionsmittel Volkseigentum sind; sie bekennen sich zur bestehenden sozialistischen Gesellschaftsordnung in Polen.
Sie werden durch Kontrollen sicherstellen, daß die Arbeiter ihre Meinungen und Interessen verteidigen können.
Sie erkennen die führende Rolle der Vereinigten Polnischen Arbeiterpartei an und stellen das sozialistische System und die internationalen Bündnisse nicht in Frage.
Die Regierungskommission erklärt: daß die Staats- und Parteiführung Unabhängigkeit und Selbstverwaltung der neuen Gewerkschaften achtet, garantiert und sichert. Sie sorgt dafür, daß die Interessen der Arbeiter, ihre sozialen, materiellen und kulturellen Bedürfnisse vertreten werden können, und daß die neuen Gewerkschaften weder diskriminiert noch verfolgt werden dürfen. Die neue Gewerkschaft stimmt mit den durch den polnischen Staat ratifizierten Konventionen der Internationalen Arbeitsorganisation Nr. 87 über Gewerkschaftsfreiheit und den Schutz der Gewerkschaftsrechte überein. Die Größe dieses neuen Interessenverbandes erfordert entsprechende Gesetzesänderungen innerhalb der Volksrepublik. Die Regierung verpflichtet sich, diesbezügliche Entwürfe vorzulegen. Dabei sollen Gewerkschaftsgesetzgebung, Arbeiterselbstverwaltung und das allgemeine Arbeitsrecht berücksichtigt werden.
Das Überbetriebliche Streikkomitee hat das Recht, seine Arbeit in Form eines Gründungskomitees für die neuen Gewerkschaften fortzusetzen und die Form der neuen Vereinigung innerhalb der Küstenregion selbst zu bestimmen.
Die Regierung verpflichtet sich, die Voraussetzungen für eine Registrierung der neuen Gewerkschaften außerhalb des Zentralrats der alten Gewerkschaften zu schaffen.
Die neuen Gewerkschaften sollen eine reelle Chance erhalten, wirtschafts- und sozialrechtliche Entscheidungen offiziell begutachten zu lassen. So die Verteilung des National- und Volkseinkommens; Änderungen in der Lohnpolitik, Inflationsausgleichsmaßnahmen, Wirtschaftsjahrespläne, Investitionspolitik und Preisänderungen. Die Regierung verpflichtet sich, ihnen dieses Mitspracherecht einzuräumen.
Das Überbetriebliche Streikkomitee gründet eine Vereinigung zur Kontrolle arbeitsrechtlicher Tatbestände. Überwacht werden sollen

hier: Arbeitsbedingungen, Sicherheit am Arbeitsplatz u. ä. Die Vereinigung soll darüber objektive Analysen vorlegen. Außerdem sollen Untersuchungen über den Lohn- und Preisindex angestellt werden. Auch diese Ergebnisse sollen veröffentlicht werden.
Darüber hinaus sollen die neuen Gewerkschaften eigene Publikationsorgane besitzen.
Die Regierung sichert den Arbeitern und Beschäftigten das Recht zu, sich freiwillig in Gewerkschaften zusammenzuschließen. Die neuen Vertretungen werden nicht Mitglieder des Zentralrats der Gewerkschaften CRZZ. Wir gehen davon aus, daß die Regierung dies alles bei ihren neuen Gesetzentwürfen berücksichtigt. Zusätzlich soll sichergestellt werden, daß die Vertreter des Überbetrieblichen Sreikkomitees oder des Gründungskomitees oder der neuen Gewerkschaften an der Ausarbeitung der neuen Gesetze beteiligt werden."
Als Gwiazda seinen Vortrag beendet hat, fügt Wałęsa nur noch einen Satz hinzu: „So sehen wir das neue Gewerkschaftsgesetz, und so möchten wir es verwirklicht wissen."
Der stellvertretende Ministerpräsident beginnt seine Rede mit einem Satz, der alle aufatmen läßt:
„Meine Herrschaften, es scheint die Zeit gekommen, unsere Arbeit zu beenden. Die Verhandlungen waren schwierig und mühsam, aber es ging um die ureigensten Angelegenheiten unseres Landes. Es handelt sich nicht nur um die Beendigung eines aktuellen sozialen Konflikts, sondern auch um Probleme, die die künftige Entwicklung der Volksrepublik beeinflussen. Nun zu Punkt 1: Wie Sie, Herr Vorsitzender, bereits festgestellt haben, ist er der Grundstein unserer Vereinbarungen, gleichzeitig aber auch die schwierigste Forderung des gesamten Katalogs. Deshalb bedarf er einer besonderen Behandlung. Auch die übrigen Forderungen sind nicht weniger wichtig, weil sie Lohn- und Sozialforderungen der Arbeiterklasse betreffen. Diese Fragen dürfen nicht am Rande behandelt werden, obwohl es manchmal so aussieht, als seien sie sehr leicht zu lösen, und – ich berufe mich hier auf Ihre Meinung, meine Herren – als könnten sie auf der Stelle erledigt werden. Unsere Vertreter in der Expertenkommission haben eine außerordentlich schwierige Arbeit vollbracht, und ich möchte ihnen ganz herzlich dafür danken. Es ist denkbar, daß die Dauer unserer Verhandlungen manche Leute hat ungeduldig werden lassen. Der Mann, der uns stets auf die Werft führte, sagte heute zu mir: ‚Sie sind viel zu selten bei uns, Herr Ministerpräsident!' Ich glaube nicht, daß

die Häufigkeit meines Kommens entscheidend ist, sondern, ob die Dinge korrekt und ganz konkret erledigt und vorangebracht werden. Ich war ein häufiger Gast, und vielleicht werde ich noch öfter hier auftauchen.

Jeder muß sich darüber im klaren sein, daß der soeben formulierte Standpunkt gegenüber der ersten Forderung von grundsätzlicher Bedeutung sein wird, und daß der Inhalt einer von uns gebilligten Lösung in jedem Fall entscheidend den Handlungsspielraum der Arbeiterklasse und anderer sozialer Gruppen in naher und ferner Zukunft beeinflussen wird. Im Grunde genommen halten wir die Vorschläge, die die Experten beider Seiten ausgearbeitet haben, für eine angemessene Grundlage endgültiger Entscheidungen, die wir in diesem Saal treffen müssen.

Dennoch möchte ich einige wichtige Fragen anschneiden: die erste betrifft die politische und ideologische Orientierung der Gewerkschaften. Wir haben sie eine selbstverwaltete genannt wie auch andere Vertretungen. Ich habe mit großer Genugtuung festgestellt, daß das Überbetriebliche Streikkomitee sich hierzu eindeutig geäußert hat.

Es hat betont, daß die Gewerkschaft auf dem Boden des Eigentums aller an den Produktionsmitteln stehe, also der Grundlage der sozialistischen Gesellschaftsordnung Polens. Ferner erkennt die Gewerkschaft die führende Rolle der Partei in unserem Staat an und ebenso unsere bestehenden internationalen Bündnisse. All dies bedeutet, daß sie auf dem Boden der Verfassung der Volkrepublik Polen steht und immer stehen wird.

Eine weitere Frage betrifft die Rolle der neuen Gewerkschaften. Sie soll eine stärkere, ich würde sagen demokratischere Vertretung, eine wirksamere Verteidigung darstellen und die Interessen der Belegschaft schützen. Unter diesen Voraussetzungen sollen wir für die Möglichkeit ihrer Registrierung sorgen. Wir verstehen, daß vor dieser Registrierung ein Statut ausgearbeitet werden soll, und daß die selbstverwaltete Gewerkschaft ein Gründungskomitee besitzt. Man könnte auch andere Bezeichnungen wie Arbeiter-, Beschäftigten- oder Belegschaftskomitee wählen, unter den genannten Voraussetzungen kann das akzeptiert werden. Es ist klar, daß auch föderative Verbände zur Erfüllung der Aufgaben entstehen können, die Sie genannt haben: Untersuchungen über den Lebensstandard der Werktätigen, Begutachtung von Schlüsselentscheidungen in Sozial- und Wirtschaftspolitik. Sie haben dies alles erwähnt, Sie sprechen von Gesundheit, Bil-

Die Lichter der Filmteams stören. Jagielski verhandelt mit Sonnenbrille weiter

Eine weitere Verzögerung, die politischen Gefangenen sind noch nicht frei. In der letzten Reihe ganz links: Werftdirektor Gniech. Bei den Verhandlungen sitzt er auf der Seite der Arbeiter

dung, Kultur usw. und von der Lohnpolitik. Ich möchte betonen, daß wir die genannten Vorschläge billigen, und daß uns bewußt ist, daß sie den Kern der erhobenen Forderungen bilden.

Ich möchte hier noch einmal mit Nachdruck unterstreichen, daß die Schwierigkeiten, entsprechende und zutreffende Formulierungen für unser aller Anliegen zu finden, nicht auf ein mangelndes Verständnis für die Wichtigkeit der Arbeit der Gewerkschaften zurückzuführen sind. Das heißt, daß wir nicht menschliche Forderungen oder den Wunsch nach sozialen Aktivitäten nicht verstanden hätten. Ich muß offen gestehen, daß es hier und unter diesen Umständen schwierig ist, eine für beide Seiten befriedigende Lösung zu finden. Das Problem besteht auch darin, daß es sich um neue und institutionelle Veränderungen handelt, die ausdiskutiert werden müssen. Das geht nicht von heute auf morgen".

Der dann folgende Dialog zwischen Lech Wałęsa und Mieczyslaw Jagielski bedeutet das Ende des gespannten politischen Tauziehens auf der Lenin-Werft; es ist der achte Tag seit Verhandlungsbeginn.

Wałęsa: „Als Bezeichnung für die neue Gewerkschaft schlage ich vor, ‚Unabhängige Gewerkschaft' zu wählen."

Jagielski: „Das haben wir ja bereits unterschrieben."

Wałęsa: „Aber in diesem Protokoll gibt es drei verschiedene Bezeichungen. Es ist von ‚Neuen Gewerkschaften', von ‚Unabhängigen Gewerkschaften' und ‚Selbstverwalteten Gewerkschaften' die Rede."

Jagielski: „Dann sucht euch doch eine Bezeichnung davon aus."

Zwischenruf aus dem Saal: „Macht bloß kein Durcheinander!"

Wałęsa: „Dann sollen folgende Bezeichungen gültig sein: ‚Unabhängige, Selbstverwaltete Gewerkschaft Solidarität!"

Jagielski: „Gut, ich akzeptiere."

Wałęsa: „Unterschreiben wir jetzt?"

Jagielski: „Wir unterschreiben. Danzig, den 30. August 1980."

Wałęsa: „Ich habe noch eine Anmerkung. Wir wünschen uns, daß Sie, Herr Ministerpräsident, so schnell als möglich aus Warschau zu uns zurückkehren. Wir haben nun schon so lange gewartet, heute ist Samstag. Am Sonntag wird ohnehin nicht gearbeitet. Wir werden hier die Papiere nach unseren gemeinsamen Beschlüssen umschreiben und Sie, Herr Ministerpräsident, kommen zurück und sagen uns, wie Warschau die Sache sieht. Wenn alles gut geht, sind

wir am Montag wieder an unseren Arbeitsplätzen. Nur eins noch: Wir gehen zur Arbeit, aber wir müssen die Vereinbarungen schwarz auf weiß bekommen. Im Namen der Muttergottes, schwarz auf weiß!"
Und der kommunistische Vizepremier der Volksrepublik Polen antwortet: „Sie werden die Vereinbarungen schriftlich bekommen, schwarz auf weiß, im Namen der Muttergottes!"

Der Sieg

Vielleicht heute, vielleicht morgen, – wenn nicht, dauert es noch einen Monat.

Sonntag, 31. August 1980
Ein Streiktag wie jeder andere. Messe, dann die morgendliche Ansprache von Wałęsa. Die Arbeiter hocken auf kleinen Holzbänken oder haben sich ins Gras gelegt. Die Sonne scheint und die Lautsprecher rufen pausenlos Namen auf. Später das sonntägliche Familientreffen am Werfttor.
Und doch hat sich etwas verändert. Die Menge der Arbeiter, die sich auf der Hauptstraße und vor dem Verhandlungsgebäude drängt, ist weitaus größer als an anderen Streiktagen, die Zahl der Wartenden vor dem Tor ebenfalls, die Spannung intensiver, viele der Arbeiter haben fröhlichere Gesichter. Hier und da sind bereits Aktentaschen abgestellt, fertig gepackt. Die Arbeiter haben ihre Arbeitsanzüge ausgezogen, in Zivilkleidung stehen sie wartend da – das Bild gleicht dem vor 17 Tagen, als sie zur Morgenschicht auf die Werft kamen. Leszek ist kaum noch ansprechbar. Im Sturmschritt eilt er vom großen in den kleinen Sitzungssaal, von dort in die Druckerei und wieder zu seinem Sessel. 10 Minuten später taucht er am Tor auf, redet kurz mit den Streikposten, verschwindet für einen Moment in der Kantine, kommt wieder zum Vorschein, strebt zu seinem Elektrokarren. Ich frage ihn, ob nun alles vorbei sei.
„Es hat sich gelohnt", sagt er, indem er mit der Hand auf ein Blechschild ‚Büro des Betriebsrates' weist. Es ist an einem niedrigen Gebäude neben Tor 2 befestigt, die Aufschrift mit zwei dicken Balken roter Farbe durchgestrichen. Damit haben die Beschäftigten der Lenin-Werft klargemacht, was sie von ihrer früheren Arbeitervertretung halten.
Leszek grinst. „Jetzt haben wir endlich unsere eigene Vertretung und nicht diesen Bürokratenverein. Wir können wirklich froh sein, denn das, was hier geschehen ist, ist unser Werk. Wir haben gute Arbeit geleistet. Wie groß unser Erfolg wirklich ist, ahnen die meisten von uns nicht einmal. Weißt du, warum ich so gut in Form bin? Ich habe einen Schock hinter mir. Ich hatte mich auf einen längeren Kampf eingestellt. Mindestens drei Wochen, dachte ich, müßten wir noch streiken. Und heute abend wird alles vorbei sein. Vorbei? Was heißt hier vorbei? Wir

Es sieht nach Erfolg aus. Die beiden Verhandlungspartner am Morgen des 31. 8. 1980

Der Sieg. 31. 8. 1980

„Wir haben das Problem zusammen gelöst, so wie es sich unter Polen gehört.“
Im großen Sitzungssaal nach der Unterschrift

werden erst richtig anfangen müssen. Wir brauchen eine eigene Zeitung, ein eigenes Gebäude. Wir brauchen Platz, damit wir uns den Kopf zerbrechen können, wie es weitergehen soll. Wir werden uns ein solches Haus suchen, an der Tür wird ein Schild hängen, auf dem steht: Unabhängige Gewerkschaft Solidarität!"
Ich frage mich, ob Leszek nicht zu optimistisch ist angesichts der Tatsache, daß die Vereinbarung immer noch nicht unterschrieben ist. Aber er ist schon wieder weg, steigt auf seinen Elektrokarren und spricht zu den Leuten vor dem Tor.
„Neunzig Prozent haben wir schon geschafft", sagt er, „aber ich habe eine Bitte: noch sind wir nicht ganz fertig, deshalb bitte ich mir bei euch etwas entschlossenere Gesichter aus. Ihr müßt Vertrauen zu uns haben. Vertrauen zu den Leuten, die zwar langsam müde werden, aber immer noch durchhalten. Dann wird alles gut."
Den Beifall hört er nicht mehr, er ist bereits auf dem Weg zurück in den großen Sitzungssaal. Wie immer gefolgt von Henryk, seinem Leibwächter.
Die Regierungsdelegation trifft ein.
Alle rechnen mit einer Unterschrift unter die Vereinbarungen. Doch in letzter Minute entsteht ein neues Problem. Die Bürgerrechtler, die während des Streiks in Polizeigewahrsam waren, sollen freigelassen werden. Leszek ist sich und seinen Freunden in der Streikleitung diese Forderung schuldig. Und so setzt er, scheinbar leichtfertig, die Unterschrift unter den Vertrag von Danzig noch einmal aufs Spiel. Die Regierungskommission zieht sich zu letzten Beratungen zurück.
Die meisten sind mit Wałęsas Vorgehen nicht einverstanden.
„Was gehen mich diese Dissidenten an?", knurrt ein Molkereiarbeiter aus Elbing. Die Umstehenden stimmen ihn nieder; Leszek auf dem Podium läßt keinen Zweifel daran, wie er zu dieser Sache steht.
„Wir haben die Lage geprüft und festgestellt, daß die Dreistadt und die Tausende von Menschen, die draußen vor dem Tor stehen, mit dem Ergebnis unserer Verhandlungen einverstanden sind, unter der einen Bedingung: daß die Häftlinge freigelassen werden. Der Ministerpräsident wird uns eine Versicherung geben, daß sie aus dem Gefängnis herauskommen, erst dann werden wir das Protokoll unterschreiben."
Alle noch offenen Fragen, so verspricht Wałęsa seinen Streikgenossen, werden in Zukunft gelöst werden – doch nicht hier auf der Lenin-Werft, sondern im neuen Präsidium, in Wrzeszcz, das früher einmal Danzig-Langfuhr hieß.

„Geht nach Hause. Der Streik ist beendet. Wir haben gesiegt."

„Bis jetzt war es ein Kinderspiel. Die eigentliche Arbeit fängt erst an."

Der Wojewode hat den neuen Gewerkschaften wahrhaftig ein eigenes Büro zur Verfügung gestellt. Lech Wałęsa sagt: „Ich glaube, unsere Forderungen sind erfüllt worden. Es gibt gewisse Konzessionen, das ließ sich nicht vermeiden. Wir haben alle wie die Löwen gekämpft, das Ergebnis ist wirklich gut. Doch das heißt nicht, daß es jetzt nichts mehr zu tun gibt. Das war nur die erste Schlacht, eine winzig kleine, wir haben sie gewonnen. Und jetzt geht nach Hause, ihr seid schließlich alle müde."
Leszek hat sich von seiner eigenen Begeisterung wegreißen lassen. Doch daran, daß die Sache noch nicht ausgestanden ist, erinnern ihn die Delegierten im Saal. „Wir gehen noch nicht", ruft einer und ein anderer: „Erst muß alles unterschrieben sein. Schwarz auf weiß, das hast du selbst gesagt." Wałęsa beschwichtigt sie, selbstverständlich werde es eine zeremonielle Unterzeichnung geben, Fernsehkameras, Reden, Dankesworte.

Nun geht doch nach Hause, der Streik ist wirklich vorbei!

Als dann alles soweit ist, hat der Streikführer seinen riesigen Kugelschreiber mit dem Papstportrait in der Hand und schwenkt ihn wie einen Marschallstab.
„Meine Lieben! Am 1. September kehren wir an unsere Arbeit zurück. Wir alle wissen, woran uns dieser Tag erinnert. An diesem Tag denken wir an unser Vaterland, an die Probleme unserer Nation und die gemeinsamen Interessen unserer Familie, die Polen heißt."
Wałęsa spielt damit auf den Tag des Ausbruchs des Zweiten Weltkrieges an, der sich am 1. September zum 41. Mal jährt.
„Wir haben alles erreicht, was wir wollten, was wir uns wünschten, wovon wir träumten. Das heißt fast alles, jedenfalls eine ganze Menge. Vertraut mir, wie ihr mir die ganze Zeit über vertraut habt. Glaubt mir, was ich euch sage: Wir haben alles herausgeholt, was in der gegenwärtigen Lage herauszuholen war. Die wichtigste unserer Forderungen ist erfüllt: Wir haben unsere unabhängige Gewerkschaft. Sie ist unsere Garantie für die Zukunft.
Wir haben nicht nur für uns und unsere Interessen, wir haben für das ganze Land gekämpft. Ihr alle könnt euch daran erinnern, wie groß die Solidarität der gesamten polnischen Arbeiterklasse mit uns war. Im Namen aller streikenden Belegschaften will ich denen, die auf unserer

Seite standen, eines sagen: Wir haben gemeinsam gekämpft. Wir haben auch für euch gekämpft. Wir haben das Recht auf Streik erkämpft, das Recht auf bürgerliche Freiheiten und das Recht auf freie Gewerkschaften. Und nun gehen wir mit derselben Solidarität und Besonnenheit, mit der wir gestreikt haben, an die Arbeit zurück. Ab morgen gibt es die ‚Unabhängige, Selbstverwaltete Gewerkschaft Solidarität'. Wir wollen dafür sorgen, daß sie immer unabhängig und immer selbstverwaltet bleibt, und daß sie stets für das Wohl Polens arbeitet. Ich erkläre den Streik für beendet."
Wałęsa, die Delegierten und die Regierungskommission erheben sich und singen gemeinsam die Nationalhymne. Im Saal herrscht eine Atmosphäre der Versöhnung. Die Spannung der 17 Streiktage löst sich allmählich. Leszek nimmt die Gelegenheit wahr, sich noch einmal persönlich bei seinem Verhandlungspartner der Regierung zu bedanken. Man hat verhandelt, Zugeständnisse gemacht und sich auf eine gemeinsame Sache geeinigt. Noch einmal greift Wałęsa zum Mikrophon: „Während dieser kurzen Pause möchte ich mich noch einmal bei Ihnen, Herr Ministerpräsident, und auch bei allen anderen politischen Kräften, die es nicht zugelassen haben, daß dieser Konflikt mit Gewalt entschieden wurde, bedanken. Wir haben miteinander geredet, wie es sich unter Polen gehört. Es ist nicht leicht, Gewalt anzuwenden. Wir haben vieles nachzuholen, das ist klar. Aber solange wir uns als Herren im eigenen Haus betrachten können, solange können wir Selbstachtung bewahren und arbeiten. Gesiegt hat hier nicht eine Seite. Gesiegt haben Vernunft und Besonnenheit."
Auch der Vertreter der Warschauer Führung kann seine Bewegung kaum verbergen. „Es waren schwierige und langwierige Gespräche, die große Anstrengungen erfordert haben. Es ging um sehr wichtige Fragen. Es ging um die Probleme der Werktätigen, derer, die hier sind, wie auch derer, die nicht bei uns sein können. Es ging um ihre Probleme, um die ihrer Familienangehörigen, ihrer Frauen und Kinder, ihrer Freunde und Arbeitskollegen. Wenn wir diesen Saal verlassen, dann müssen wir uns vergegenwärtigen: Es gibt hier keine Sieger und keine Besiegten, keine Verlierer und keine Gewinner. Das Wichtigste ist, wir haben uns miteinander zu verständigen gesucht und uns geeinigt."

Die Regierungsdelegation unter Führung von Vizepremier Jagielski verläßt den Verhandlungssaal. Die Reporter sammeln ihre Kameras und Tonbandgeräte ein. Leszek meint: „Im Prinzip können alle auf der Werft nach Hause gehen." Dann lauter: „Die Delegierten bleiben bitte noch hier, wir müssen weitere Einzelheiten besprechen."
Plötzlich ist Wałęsas Platz am Präsidiumstisch leer, auch Henryk, den Leibwächter, kann ich nirgends entdecken. Durch die Aufbruchsstimmung auf der Werft haste ich zum Tor. Ein mir vertrauter Streikposten gibt mir den Tip: Hinter dem Wachhäuschen steht eine Leiter, über die kann man aufs Dach gelangen, wo inzwischen rund 50 Fernsehteams mit ihren Kameras stehen. Als ich oben ankomme, glaube ich, meinen Augen nicht zu trauen. Leszek steht am Tor auf seinem alten Elektrokarren, zwischen polnischen Fahnen; er spricht, das Mikrophon der Lautsprecheranlage in der einen, seinen Kugelschreiber mit dem Papstportrait in der anderen Hand, zu mindestens 20000 Menschen. Die Baugrube vor dem Tor ist verschwunden, die Straßenbahnhaltestelle nicht mehr zu sehen. In einem neuen Sprechchor rufen die 20000: Nicht mehr Wałęsas Vornamen höre ich, minutenlang schallt ein einziges Wort über den Platz: „Dziękujemy – Danke!"
Leszek ist verlegen und wie immer, wenn er es ist, versucht er, die Situation mit Albernheiten zu überspielen:
„Leute, macht Platz, unsere Jungens von der Werft sind müde und wollen nach Hause. Das wird zwar den Geburtenzuwachs steigern, aber das ist schließlich normal. Laßt die Kollegen raus, damit sie feststellen können, ob zu Haus noch alles beim alten ist, oder ob die Alte sich anderweitig umgetan hat."
Ganz egal, welche Platte Leszek auflegt: Es ist immer die richtige.
Die Spannung in der Menge läßt nach, alle lachen. Doch dann kommt der Satz, auf den sie die ganzen 17 Tage gewartet haben:
„Ich habe am ersten Tag gesagt: erinnert euch, wir werden siegen. Wir haben gesiegt. Das ist die einfache Wahrheit. Vielleicht auf Knien, habe ich gesagt, aber vorwärts!"
Er spricht noch länger, ungefähr 15 Minuten lang. Doch mit diesen ersten Sätzen hat er alles gesagt, was die Leute hören wollten. Der Streik auf der Lenin-Werft ist beendet. Sie alle haben gesiegt, die vor dem Tor und die dahinter. Wałęsa sagt weiter, nun gehe es darum, das Erreichte zu sichern; wenn man vom schmalen Pfad des politisch

„Er ist das genaue Gegenteil von mir, und ich brauche seine Hilfe." Wałęsa mit Andrzej Gwiazda

Wieder zu Hause. „Ich war eigentlich überrascht, daß es so schnell ging. Ich hatte mit drei Wochen gerechnet."

Möglichen abweiche, sei ein Beinbruch unvermeidlich. Er erwähnt die sonntäglichen Gottesdienste im Radio, die die Streikenden durchgesetzt haben, und die Zusage, daß die Häftlinge freigelassen würden. Dann sagt er den Leuten noch einmal, sie sollen den Werftarbeitern Platz machen, die endlich, endlich, nach Hause wollten. „Wir lassen uns nicht unterkriegen", ruft er, „wir alle tragen die Verantwortung. Ich allein bin schwach, jeder von uns ist schwach, wenn er allein ist. Aber wir alle zusammen, wir sind eine Macht."

Montagmorgen, 1. September 1980. Vier Uhr.
Ein merkwürdiges Geräusch dringt durch das Hotelfenster. Die Räder der Straßenbahnen rollen quietschend über lange Zeit unbefahrene Weichen. Die Streikführerin der städtischen Verkehrsbetriebe – ein Witzbold im Streikkomitee hatte ihr den Spitznamen ‚Zwerg Nase' gegeben –, hat ihr Versprechen wahrgemacht. „Wenn sie unterschreiben", so hatte sie mir am Sonntagnachmittag gesagt, „steige ich ins nächste Auto, fahre zum nächsten Depot, setze mich selbst ans Steuer der nächstbesten Tram und fahre in die Stadt.
Und: da gibt es keinen Fahrplan, da geht es nur darum, den Leuten zu zeigen, daß die Bahn wieder fährt."
Ganz so einfach aber ging es nicht. Einheiten der polnischen Armee mußten zuerst am Montagmorgen Unkraut und Schmutz, die sich in 17 Streiktagen angesammelt hatten, von den Weichen abkratzen. Unter strömendem Regen taten die Soldaten ihre Pflicht, 300 Meter vom Eingang der Lenin-Werft entfernt, wo die Frühschichtler wieder an ihre Arbeit gingen. Aus eben diesem Tor heraus, in dessen Umgebung sich noch Stunden zuvor Fernsehteams und Fotoreporter aus aller Welt frei bewegten, kam nun um halb sechs Uhr morgens ein Uniformierter, der mit amtlicher Miene auf ein Verbot des Fotografierens hinwies. Ein Verbotsschild mit der Zeichnung eines altertümlichen Fotoapparats, der dick und rot durchgestrichen ist, hängt in Polen am Eingang eines jeden Industriebetriebes. 17 Tage lang hatte sich niemand um dieses Schild gekümmert. Doch seit Montag, dem 1. September 1980, ist Danzig zur Normalität des alltäglichen polnischen Lebens zurückgekehrt.
Beides, Straßenbahn und Werfttor mit dem Tabu des Fotografierens, beweist auch den letzten Zweifelnden: die Ausnahmesituation ist vorbei. Um einer Einigung willen haben sich die Arbeiter manches Zugeständnis abringen lassen.

Sie haben akzeptiert, daß die neuen Gewerkschaften nicht mehr „frei", sondern „unabhängig" heißen sollen. Die Bezeichnung Freie Gewerkschaften war für die Regierung politisch zu sehr belastet. Sie haben sich zufriedengegeben mit der vagen Formulierung: ‚Die Zensurbestimmungen werden abgeschwächt' – ein Zeichen der Angst auf beiden Seiten vor einer Entwicklung wie der in Prag im Jahre 1968. Sie haben zugestimmt, die Gehalts-, Urlaubs-, Renten-, Versorgungs- und Wohnungsprobleme auf spätere Verhandlungen zwischen Sonderkommissionen zu vertagen. Und: sie haben die grundsätzliche Führungsrolle der kommunistischen Partei und Polens Zugehörigkeit zum sozialistischen Lager prinzipiell anerkannt. Einzelne Hitzköpfe sind der Meinung, da sei kein Sieg errungen, sondern lediglich ein halbherziger Waffenstillstand geschlossen worden. Diejenigen aber, die in der Politik zwei und zwei zusammenzählen können, wissen, daß Lech Wałęsa recht hat, wenn er sagt: „Was wir noch nicht erreicht haben, das werden unsere Freien Gewerkschaften letztendlich erkämpfen."

Danzig nach 17 Streiktagen. Die Frühschichtarbeiter gehen zur Lenin-Werft, als sei es ein ganz normaler Montagmorgen. „Hallo, guten Tag", ruft mancher mir zu, nur einige tun so, als kennten wir uns nicht mehr, trotz mehr als zweiwöchentlicher harter Streiks und harter Arbeit. Sie werden heute nicht besonders produktiv sein, sie sind zu müde, zu abgeschlafft nach der langen Zeit innerer Anspannungen. Doch sie gehen an ihren Arbeitsplatz in der Hoffnung, daß sich vieles in Polen bessern wird, daß ihr Streik von Nutzen und ihr Einsatz die Sache wert war.

„Nicht nur wir", sagen sie, „auch unsere Führung, das hat sich in diesen Streiktagen gezeigt, hat aus den blutigen Erfahrungen von 1970 gelernt."

Leszek gehört zu den wenigen, die heute nicht zur Arbeit kommen. Er ist dabei, seine Gewerkschaft zu organisieren und sich um seine Familie zu kümmern, doch zu einen normalen Alltag wird er nie wieder zurückkehren können.

Wałęsa privat

Bei uns ging es immer sehr korrekt zu. Hart, aber gerecht.

Popowo ist ein kleines Dorf in der Nähe von Bydgoszcz. Vor dem Krieg wohnten hier ungefähr 200 Menschen, Kleinbauern, Handwerker und Landarbeiter. Die Familie Wałęsa, Großeltern, Tanten und Onkel gehörten zu dieser Gemeinde. Vater Wałęsa war Tischler, „aber eigentlich", sagt Sohn Leszek, „konnte er alles. Das waren damals andere Zeiten. In der Jugendzeit meines Vaters gingen die Kinder nur im Winter zur Schule, im Sommer mußten sie auf den Feldern mitarbeiten. Aber auch im Winter war nicht an jedem Tag Unterricht, es kam ganz aufs Wetter an. Da die Kinder einen weiten Weg zur Schule hatten, waren die Entfernungen bei zuviel Schnee und Eis einfach nicht zu schaffen. Gelernt haben sie trotzdem alles, was man damals fürs Leben brauchte. Ein Tischler war nebenbei Bauer, Mechaniker, Schmied und Maurer. Sie haben alles selbst gemacht, Handwerker konnte man sich nicht leisten."

Als der Krieg ausbrach, marschierten die Deutschen ein, aus Bydgoszcz wurde wieder Bromberg. Die Wałęsas hatten zu jener Zeit zwei Söhne und eine Tochter. Der Vater wurde Soldat, die Mutter konnte mit ihrer kleinen Landwirtschaft die Familie einigermaßen ernähren. Als dann der militärische Widerstand zusammenbricht, kehrt der Vater nach Hause zurück, schließt sich aber schon bald der AK, der ‚Armija Krajowa' (militärische Organisation des polnischen Widerstandes) an.

„Während seines Dienstes in der Armee hat er immer wieder versucht, in Popowo aufzutauchen, um Mutter und der restlichen Familie zu helfen."

Am 29. September 1943 wird der dritte Sohn geboren und auf den Namen Lech getauft. Kurze Zeit später gerät der Vater in deutsche Gefangenschaft, er wird in einem Arbeitslager interniert. Gesundheitlich erleidet er schwerste Schäden. 1945, Lech ist gerade zwei Jahre alt geworden, stirbt Vater Wałęsa an den Folgen seines Lageraufenthaltes.

Die Mutter geht eine zweite Ehe ein, sie heiratet den Bruder ihres verstorbenen Mannes, Stanisław. Die Familie Wałęsa vergrößert sich, drei weitere Geschwister werden im Laufe dieser Ehe geboren.

Leszeks erste deutliche Erinnerung reicht in die Zeit seines Schulanfangs zurück. „Ich war sieben Jahre alt. Es war mein erster Schultag, wir fuhren nach Halin. Mein Alter – er lebt heute in den USA – hatte mich hinten auf sein Fahrrad gepackt und brachte mich zur Schule. Damals lebten noch eine Menge Verwandte von mir in Halin, die meisten sind inzwischen ausgewandert. Jetzt wohnen dort nur noch ein paar Vettern. Eine Kusine lebt in Deutschland, dort bei euch, ich habe die Adresse verloren. Meine Schwestern und Brüder sind alle in Polen geblieben, aus allen ist etwas geworden, was Richtiges!"
Ich versuche, an seine Schulzeit-Erinnerungen anzuknüpfen; ob er immer so gewesen sei wie jetzt, ob er als ein „ungezogenes Kind" gegolten habe?
„Im Gegenteil, ich war immer brav. Ich war auch ziemlich begabt, sogar zu begabt, das hat mir nichts Gutes eingebracht. Es nahm dann alles ein ziemlich schlechtes Ende, weil ich nie viel gelernt habe. Mal machte ich meine Hausaufgaben, mal nicht; wenn ich nur einmal etwas gehört hatte, wußte ich's auch schon. So leicht ging das aber nur bis zu einem bestimmten Punkt. Plötzlich wurde der Stoff mehr und mehr, ich mußte immer mehr nachholen, irgendwann habe ich aufgegeben. Große Ziele hatte ich immer schon, jedenfalls damals, in meiner Jugend. Dann kam mit einem Mal das harte Leben und ich merkte, daß mir viel, sehr viel Wissen fehlte. Ganz schön spät, was?"
Auf die harten Jahre will er nur in Stichworten eingehen: sehr schwere Arbeit für sehr wenig Geld und überhaupt Schwierigkeiten, eine Beschäftigung zu finden, auch persönlicher Kummer, und immer die Sehnsucht, etwas für „die Menschen" tun zu können.
„Wozu lebt der Mensch eigentlich auf dieser Erde?, habe ich mich dauernd gefragt. Er sollte mehr über sich selbst nachdenken; unserer Zeit fehlt eigentlich die Menschlichkeit. Man kann nicht alles auf einmal und sofort ändern, aber wenn jeder für seinen Teil etwas mitüberlegt, dann gibt es vielleicht eine Lösung.
Nimm zum Beispiel einen Millionär mit seinem ganzen Geld; er fängt dann an, über sich nachzudenken, wenn er krank wird. Ob er ein künstliches Herz braucht oder vielleicht eine künstliche Niere; ob und wie er überhaupt wieder gesund werden kann.
Die Zeit rennt uns allen davon. Wir schlafen kaum mehr und essen förmlich im Laufen. Laß uns beide doch mal zum Spiegel gehen, wir betrachten kurz unsere Gesichter, unsere müden Augen, und dann unterhalten wir uns darüber, warum wir das alles gemacht haben, du

deinen Job und ich meinen Streik. Aber auch das werden wir natürlich nicht tun, wir haben ja keine Zeit!" Wałęsa hat wohl nicht unrecht mit seinen verkürzten und überzeichneten Äußerungen; bei der allgemeinen Hektik der vergangenen Tage ist dies das erste etwas ruhigere Gespräch, das wir beide zustande bringen. Er wird dabei etwas nostalgisch, und während er erzählt, wirkt er in seinem großen Sessel noch kleiner als gewöhnlich. Wie immer scheint er am liebsten alles auf einmal loswerden zu wollen; gerade solche sprunghaften und assoziativen Gedankensprünge machen Wałęsas besonderen Stil aus.

„Früher gab es keine Autos, keine Straßen- und Eisenbahnen. Trotzdem haben die Menschen alles erledigen können, und sie haben dabei noch gelebt. Heute sind wir ungeheuer schnell geworden, es gibt Flugzeuge und Telefone – nur Zeit hat keiner mehr. Man sollte endlich darüber nachdenken, warum wir uns ständig überstürzen."

Ich frage ihn, ob dies bedeute, daß er die „alten Zeiten" herbeiwünsche mit all dem Ausmaß an Armut, Krankheit, Säuglingssterblichkeit, etc. Er verneint.

„Aber man muß sich Gedanken darüber machen, warum wir immer so müde sind. Inzwischen haben wir viele Maschinen, die uns die Arbeit abnehmen. Früher haben die Menschen den ganzen Tag lang Holz gehackt und waren viel zufriedener als wir und längst nicht so geschafft. Ich habe es mal versucht, so zu sein wie mein Vater. Er hatte zwar nichts gelernt, konnte aber alles. Mit 18 Jahren habe ich Motorräder repariert und Autos wieder instandgesetzt. Ich konnte das ebenso rasch wie mein Vater. Aber ich war nie so gründlich wie er; man fing an, mich zu verbessern, und da bin ich wütend geworden. Ich hatte nicht begriffen, daß man auch sorgfältig arbeiten muß."

Dann erzählte Leszek erneut von seiner Schulzeit. Bis zur fünften Klasse sei er immer der Beste gewesen; vor allem schnell und aufnahmefähig; er habe es nicht ertragen können, von jemandem geschlagen zu werden, weder im Sport- noch im Mathematikunterricht. Unter seinen Geschwistern habe niemand mit ihm konkurrieren können, auch in der Schule sei es ihm noch eine Zeitlang gelungen, zu blenden.

„Ein Gedicht brauchte ich nur zweimal zu lesen, schon hatte ich es auswendig im Kopf. Dann ganz langsam, Schritt für Schritt, überholten mich meine Brüder, und als ich es bemerkte, war es zu spät. Sie hatten mich abgehängt, machten Abitur oder gingen auf die Hochschule. Ich stand da, hochnäsig, und hatte nichts."

Die Folge war, daß er anfing, an sich zu zweifeln, der Schnelligkeit um der Schnelligkeit willen abschwor und beschloß, seine Fehler nicht zu wiederholen. „Ich glaube, damals bin ich demütig geworden, das hat mir geholfen. Sehr gründlich bin ich immer noch nicht, aber ich habe gelernt, daß man sich auf die Dauer nicht selbst betrügen kann. Deshalb bin ich so geworden wie heute."

Wałęsa besucht eine Fachschule und wird Mechaniker. Dann geht er nach Danzig und setzt seine Ausbildung auf einer Elektro- und Autofachschule fort, wo er seinen Meister macht.

„Eigentlich hat mein Leben erst 1968 angefangen, so sehe ich es."

Ob er in seiner Jugend keinerlei Hobbys betrieben habe?

„Nein, eigentlich nicht. Getanzt habe ich zum Beispiel überhaupt nicht gern. Warum hätte ich mich damit ermüden sollen? Da bin ich lieber zwanzig Kilometer durch den Wald spazieren gegangen, danach war ich ebenso geschafft. Wenn ich mal ein Mädchen in den Arm nehmen wollte, hab ich es eben gemacht, nur alles in Maßen."

Ob er viel gelesen habe?

„Früher ja, jetzt habe ich dazu keine Zeit mehr. Aber gründlich gelesen habe ich auch früher nicht. Bücher haben mich nie besonders interessiert; statt dessen habe ich mich immer gefragt: wer sind die Autoren? In mir steckt irgendetwas, was ich nicht verstehe. Ich lese ein oder zwei Seiten in einem Buch, dann lege ich es weg und denke darüber nach, was der Schriftsteller sagen wollte, was er mit seinem Buch gemeint haben könnte. Wenn ich das herausgefunden habe, vergesse ich es."

Ob er nicht wenigstens hin und wieder überprüfen wolle, ob seine Eindrücke zutreffend gewesen seien?

„Nein, ich blättere ein Buch manchmal weiter durch, um zu sehen, wie es endet. Meistens denke ich, daß ich es anders gemacht hätte, und Schluß! Das ist ziemlich schlecht, findest du nicht?"

Ich habe den Eindruck, daß manches, was er über sich persönlich äußert, etwas arrogant, naiv und halbgebildet klingt, und daß über einigem ein Hauch von Besserwisserei liegt. Ob er schon immer so viel nachgedacht habe, auch als Kind schon?

„Ich habe mir immer über alles Gedanken gemacht, hauptsächlich, ob ich nicht irgendetwas besser machen könnte. Warum der Stuhl so aussieht wie er aussieht, und über Regenschirme. Was hältst du denn von Regenschirmen?" Ich bin sprachlos und überlege völlig verwirrt, was ich von Regenschirmen halten solle. Leszek gerät zunehmend in Eifer.

„Bestimmt zwei Jahre lang habe ich mir Gedanken darüber gemacht, warum der Regenschirm unverändert so konstruiert wird wie wir ihn kennen. Zum Teufel, dachte ich, warum kann es keine andere Lösung dafür geben? Ich erinnere mich heute nicht mehr genau, ob ich zu irgendeinem Ergebnis gekommen bin, die Regenschirme sehen jedenfalls immer noch gleich aus."

Ich weise Leszek auf die späte Stunde hin, darauf, daß wir anfangen, herumzualbern, und daß wir uns vielleicht morgen weiter unterhalten sollten. Er wirkt beleidigt, es schien ihm ernst gewesen zu sein. Ich bin verblüfft, während er in Ruhe seine Theorie der Regenschirme fortspinnt:

„Warum ist nie jemand auf eine neue Konstruktion gekommen? Alles hat sich in all den Jahrhunderten verändert. Die Mode wechselt ständig. Nur die Regenschirme sehen genauso aus wie früher, höchstens ihre Farben verändern sich. Die Konstruktion bleibt genauso unbrauchbar wie sie immer war. Die Dinger gehen andauernd kaputt und trotzdem findet keiner eine passende Lösung, besonders für den Fall, daß es regnet und stürmt."

Ich verschweige ihm nicht, daß ich allmählich um seine Geistesverfassung besorgt sei. Er scheint nicht im geringsten gekränkt zu sein, mit seinen Gedanken ist er bereits beim nächsten Thema: der Jagd nach einem besseren Leben. Er erzählt von seinen Eltern, die sich, nachdem sie alle ihre Kinder großgezogen und versorgt hatten, im Jahr 1973 entschlossen, in die USA auszuwandern. Doch ein Leben in Glück und Reichtum hatten sie auch dort nicht führen können.

„Der Anfang war hart. Mein Alter hatte Schwierigkeiten, genügend Geld zu verdienen, auf der Straße liegt das auch dort nicht."

Offenbar gab es, nach Leszeks Worten, zusätzlich Probleme mit der Eingewöhnung. 1975 kommt seine Mutter in den USA bei einem Verkehrsunfall ums Leben.

„Wir haben sofort beschlossen, sie nach Polen zurückzuholen. Zwei Jahre hat sie in diesem fremden Land gelebt und sich dort nie zu Hause gefühlt. Sie sollte hier auf polnischem Boden begraben werden. Im Grunde hatte sie sich ihren Lebensabend leichter vorgestellt, sorgenfrei, im Land der tausend Möglichkeiten. Gott hat es nicht gewollt, so haben wir sie wieder hierhin zurückgeholt."

Wałęsas Mutter wurde nach Polen überführt. „Ich habe damals gedacht," so Leszek weiter, „daß man irgendetwas unternehmen müßte, um das eigene Leben und das der Kinder erfreulicher zu gestalten."

Was er seinerzeit im einzelnen beschlossen habe, mag er nicht mittei-

„Eigentlich hat mein Leben erst 1968 angefangen."

Obergefreiter Lech Wałęsa. Wehrdienst 1962

„Ohne sie hätte ich das alles gar nicht geschafft." Hochzeit mit Danuta Miroslawa am 8. 11. 1969

„Wir waren immer eine große Familie, aber viele sind ausgewandert." Wochenende bei Verwandten

len: „Das alles ist jetzt nicht wichtig. Ich will irgendwann ein eigenes Buch schreiben. Ein Tagebuch und zusätzliche hundert Seiten hatte ich schon abgeschlossen, aber die Miliz hat mir alles abgenommen. Irgendwann, wenn ich einmal Zeit haben sollte, werde ich mich hinsetzen und alles ein zweites Mal aufschreiben."

Ob er seinen Beruf, die Elektromontage, liebe?

„Eigentlich mag ich nur Sachen, die ich noch nicht kenne oder nicht auf Anhieb lösen kann. Wenn ich weiß, was ich machen muß und wie es weitergehen wird, dann langweile ich mich. Man wird zum Automaten, und wenn man aufwacht, sieht man erst alle einzelnen Fehler, die man selbst gemacht hat.

O Jesu, dachte ich oft, jetzt hast du die Kabel schon wieder falsch abgeschnitten, oder ich hatte sie einfach schlecht verbunden. In solchen Fällen macht mir die Arbeit keinen Spaß mehr, da sollte ich lieber gleich den Betrieb wechseln. Wenn mir aber irgendwelche Aufgaben Kopfzerbrechen machen, wenn ich eine Lösung nicht sofort parat habe, dann arbeite ich hart, ausdauernd und es macht mir auch Spaß."

Ich frage ihn, ob solche Eigenschaften seiner Person nicht zu einer Gefahr für die ‚Gewerkschaft Solidarität' werden könnten?

„‚Solidarität', das ist etwas anderes. Das ist ein endloses Thema. Ich werde nicht ewig dabei bleiben. Ich werde noch eine Zeitlang weitermachen und mich dann zurückziehen."

Er träumt davon, danach Zeit für ein eigenes Buch und – Zeit zum Angeln zu haben. Dann, wenn alles ein und für alle Mal organisiert sei. Er denkt an Zeit für die Kinder, an Zeiten des Reisens. „Vor allem in arabische Länder, die vielen Pyramiden, mein Gott, was habe ich noch alles vor."

Ob er bestimmte Vorbilder vor Augen habe, denen er nacheifern wolle, bestimmten Politikern vielleicht oder dem Papst?

„Nein, jeder Mensch ist vom anderen verschieden, man kann niemanden nachahmen. Sogar Zwillinge sind voneinander verschieden. Jeder Mensch ist rätselhaft. Ich habe weder Lieblingspolitiker noch besondere Vorbilder, dazu bin ich zu klein."

Ob es nicht ratsamer sei, die angefangene Sache weiter fortzuführen, statt Pyramiden zu besichtigen?

„Nein, jetzt sind die anderen dran. Jeder Mensch muß etwas von sich dazu tun, um seine Ziele zu verwirklichen. Mir ist das gelungen. Ich habe zwar eine bestimmte Erfahrung gemacht, aber die kann mich ebenso auf den falschen Weg führen. Jetzt brauche ich zehn Jahre

Ruhe, um mich auf etwas Neues vorzubereiten. Wenn ich einfach weitermache, kann es passieren, daß ich eines Tages falsche Entscheidungen treffe. Diese ständigen Sitzungen und Beratungen, diese ständige Verantwortung bringt mich zu etwas, was ich im Grunde gar nicht will; vielleicht zu einem guten Ende, vielleicht aber auch zu einem schlechten."

Meine Bemerkung, daß er für derartige Ideen zu jung sei, beantwortet er mit einem Grinsen.

„Nach allem, was ich erlebt habe, bin ich alt. Das reicht für ein langes, sehr langes Leben. Wenn ich unsere Sache zu lange betreibe, mache ich garantiert Fehler. Ich muß erst einmal wieder mein Leben neu organisieren."

Wie er sich das neue Polen vorstelle, wenn er mit seiner ‚kleinen Ordnung' von der er stets rede, fertig sei?

„Alle müssen sich einander anpassen. Die Gewerkschaften an die geschaffenen Möglichkeiten, die Regierung an diese. Aber nur den Klugen auf beiden Seiten wird das gelingen, man kann von vornherein nie sagen, wer gerade einmal nachgeben muß."

Wie seine Frau auf das veränderte Leben reagiert habe?

„Sie hat mich, damit ist alles gut."

Was nach dem Streik anders geworden sei, was sich verändert habe?

„Eigentlich alles. Im Grunde habe ich nichts mehr: keine Frau, kein Haus, keine Familie."

Ob er nach dieser Zeit noch derselbe sei?

„Nein. 90% bin ich inzwischen Gewerkschaft und nur noch 10% Mensch."

Pani Danuta

Meine Frau trägt den größten Teil dieser Last.

„Wenn meine Frau nicht gewesen wäre, hätte ich das alles nicht geschafft." Auf der Werft hat Wałęsa mir dies einmal gesagt. Seine Frau erschien dort hin und wieder, an der Hand Magda, das zweitjüngste Kind; meistens hielt sie sich im Hintergrund. Sie redete leise auf Wałęsa ein und verschwand ebenso unauffällig wie sie gekommen war.

Leszeks Frau Danuta hat dunkelbraunes, kurzgeschnittenes Haar und dunkle, sehr lebhafte Augen; daß sie sechs Kinder hat, kann man ihr nicht ansehen. Im November 1969, sie war gerade zwanzig Jahre alt, hat sie ihren Mann geheiratet. An den genauen Zeitpunkt, an dem Leszek seine Frau kennengelernt hat, kann er sich nicht mehr erinnern. „Das muß so etwa 1969 gewesen sein. Wir kannten uns nur kurze Zeit, und ich wußte sofort, daß das die richtige Frau für mich ist. Wir haben schnell geheiratet, ich dachte mir, so jemanden bekommst du nie wieder."

Wer das Familienleben der Wałęsas näher kennt, ist von der Richtigkeit dieser Äußerung spontan überzeugt. Sechs Kinder sind mittlerweile da: Bogdan wurde 1970 geboren, Slawomir 1972, Przemysław 1974, Jaroław 1976, Magda 1979 und Anna 1980. Kinderreichtum ist für beide etwas Selbstverständliches: Danuta stammt aus einer großen Familie, und auch Leszek hatte immerhin sechs Geschwister. Der Begriff Geburtenkontrolle ist ihnen fremd, beide sind strenggläubige Katholiken, für die Kinder einen Segen Gottes bedeuten.

Bevor der Streik ausbrach, lebten sie zu siebt in einer Zweizimmerwohnung, ihre jüngste Tochter Anna war noch nicht geboren. Jetzt, nach Beendigung des Streiks, ist das tägliche Leben für Pani Danuta etwas einfacher geworden. Sie verfügt nun über 114 Quadratmeter Wohnfläche, sechs kleine Zimmer und eine Küche, so daß ihre Nerven etwas mehr geschont werden; obwohl ich bisweilen meine Zweifel habe, ob sich in ihrer besonderen Lage überhaupt von so etwas wie Nerven sprechen läßt. Die Ruhe und Gelassenheit, mit der sie das Baby wickelt, während ein kirchlicher Würdenträger mit Leszek über dessen bevorstehende Reise zum Papst verhandelt, die selbstverständliche Gastfreundschaft, mit der sie selbst noch um zwölf Uhr nachts neugierige Journalisten versorgt, der Gleichmut, mit dem sie beim

Geschrei von sechs Kindern telefonische Anfragen beantwortet – das alles ist für mich bewundernswert. Wałęsas Probleme und Konflikte am Arbeitsplatz hat sie hingenommen wie seine politischen Eskapaden, seine Rolle bei den Vorgängen auf der Lenin-Werft ebenso wie seine plötzliche Berühmtheit.

Als er sich den Freien Gewerkschaften anschloß, hat sie nicht versucht, ihn gegenteilig zu beeinflussen und später alle Geldprobleme hingenommen, als er entlassen wurde.

Die Verhaftungen Wałęsas haben sie ebensowenig aus dem Gleichgewicht gebracht wie sein Erfolg am Ende des Streiksommers 1980. Während der gesamten Ereignisse ist sie diejenige geblieben, die sie war: die Frau eines Arbeiters, die mit ihren sechs Kindern und den Problemen, sie zu versorgen, genügend ausgelastet ist. So kann sie auch die Ehrfurcht, die Wałęsa von ausländischen Besuchern, angereisten Journalisten, Gewerkschaftsabordnungen und Politikern entgegengebracht wird, nicht nachvollziehen.

Ich rufe sie an, um den Aufenthaltsort Wałęsas zu erfahren, und bekomme zur Antwort: „Wo Leszek jetzt ist, weiß ich auch nicht. Irgendwo im Land wird gestreikt. Drei Tage hat er sich nicht gemeldet. Der soll mir nach Hause kommen. Sławek schreibt immer schlechtere Klassenarbeiten, er braucht seinen Vater."

Ich habe den Eindruck, daß die Redewendung ‚einer steht mit beiden Beinen auf der Erde' eigens für sie erfunden wurde. Jeden, der sie zuhause aufsucht, bezieht sie auf der Stelle in ihren Familienalltag ein, es sei denn, er wäre ihr radikal unsympathisch; wie etwa einige weibliche Personen, bei denen sie meint, Anlaß zur Eifersucht haben zu müssen. „Da ist so eine Blonde mit langen Haaren. Überall, wo nur eine Kamera zu sehen ist, drängt sie sich an Leszek heran.

Was die einzelnen nicht angeblich alles für Solidarność tun!" Die Kindererziehung habe aufgehört, so meint Danuta, seit es die neuen Gewerkschaften gäbe. „Wen soll ich denn hier in diesem Irrenhaus erziehen? Die Jungens haben nur Respekt vorm Vater, und den gibt es bei uns nicht mehr. Wenn er mal da ist, nützt das auch nichts mehr, in einer Stunde kann man nicht nachholen, was man in zwei Wochen versäumt hat." Eines Abends begleite ich Leszek nach Hause. Es ist spät, er hatte tagsüber im Gewerkschaftsgebäude keine Zeit für ‚Plaudereien'.

Während wir zu Abend essen – es ist inzwischen ungefähr halb elf – klingelt das Telefon: „Tata", sagt eine Stimme, „ich komme jetzt nach

Hause“, und schon ist die Leitung unterbrochen. Leszek fährt Danuta an, ob das etwa bedeute, daß eines der Kinder noch nicht im Bett sei? Sie rät ihm, selbst nachzuzählen. Bogdan fehlt, stellt er fest.
Er könne auch gar nicht daheim sein, da er mit seiner Klasse ins Theater gegangen sei, belehrt ihn Danuta. Als Bogdan kurze Zeit darauf nach Hause kommt, gibt ihm der Held Polens zuerst eine Kopfnuß und schärft ihm dann ein: „Wenn du mich anrufst, nenn' gefälligst deinen Namen. Wie soll ich wissen, wer von euch gerade wo ist!“
Eines der größten Probleme stellt für Pani Danuta die Schule dar. Die älteren Kinder mußten, als sie die Wohnung wechselten, umgeschult werden. „Das ist für alle Kinder schwer. Wenn man dann noch, nur weil man Wałęsa heißt, einen Floh ins Ohr gesetzt bekommt, ist es noch schwerer.“ Während sie bei den Hausaufgaben zu helfen versucht, kümmern sich eine Nachbarin und eine Kusine um den Haushalt und die übrigen Kinder. Doch ohne leichte Schläge geht es bisweilen nicht ab, manchmal muß Danuta zusätzlich mit dem Gürtel drohen, wobei allein dessen Erwähnung Wunder bewirkt: die Jungen gehorchen zumindest für Augenblicke.
Danuta ist eine unternehmungslustige Person, die überdies gern einmal zum Tanzen ausgeht. In der Zeit vor Weihnachten saß sie fast nur noch mit den Leibwächtern ihres Mannes zu Hause und wartete, auf seine Rückkehr. „So geht das nicht weiter“, brauste sie auf, „ich will endlich wieder meine Ruhe und wenigstens manchmal meinen Mann für mich haben.“
Leszek pflegt solche Situationen mit einer Standardfrage zu erledigen: „Du willst doch nicht etwa in die kleine Wohnung zurück?“ Er verfehlt jedoch damit seine Wirkung bei Danuta: „Ich denke, die Wohnung hat mit dem Streik nichts zu tun. Auf der Liste waren wir angeblich mit unseren sechs Kindern an der Reihe. Inzwischen ist es offiziell, das hab ich sogar in den Zeitungen gelesen. Die Wohnung behalt' ich. Du wohnst ja schon im Gewerkschaftshaus!“
Weihnachten, so erklärt sie mir später, werde sie ihm die Pistole auf die Brust setzen. Am 23. Dezember werde sie die Tür abschließen, dann kämen Besucher nur noch über ihre Leiche ins Haus. „Und Sylvester gehen wir aus. Wir werden tanzen und das Neue Jahr feiern.“
Im Januar sehen wir uns wieder; unter den vielen Fotos, die wir an diesem Abend betrachten, ist eines von der Sylvesterfeier, mit Tanz, Ballkleid, Abendanzug und Krawatte. – Danuta hatte gewonnen. Als Leszek heimkommt, unterhalten wir uns über die neuen Probleme, die

„Ich bin 90% Gewerkschaft und nur noch 10% Mensch. Die Kinder kommen zu kurz . . ."

Sie erträgt alles mit Gelassenheit. Pani Danuta mit Anja, der jüngsten

„. . . die Erziehung muß meine Frau allein übernehmen." Von rechts nach links: Bogdan, Sławek, Przemek, Jarek und Magda

der Gewerkschaft durch die Forderungen nach freien Samstagen entstanden sind. „Freie Samstage, ihr seid wohl verrückt", schaltet sich Danuta ein, „geschlossene Geschäfte, dann gibt es ja am Freitag noch weniger einzukaufen. 17 Tage lang habt ihr gestreikt, jetzt solltet ihr diese Tage nacharbeiten, damit ich euch etwas auf den Tisch stellen kann. Ihr seid schlimmer als Gierek, der wollte wenigstens nur einen freien Samstag, nur eine Katastrophe im Monat. Wir Frauen übernehmen morgen euer Gewerkschaftshaus, ihr könnt dann selbst mal Schlange stehen. Meinst du, nur weil ich Frau Wałęsa bin, schneiden sich einige mehr Fleisch aus den Rippen?"

„Die Frau Wałęsas" – obwohl sie darunter leidet, ist sie gleichzeitig stolz darauf, es zu sein.

Zwar mag sie sich nicht in den Vordergrund drängen, doch wenn es ihr und ihren sechs Kindern etwas nützt, ist sie auch dazu bereit; „wir alle haben ohnehin unter seinen Erfolgen am meisten zu leiden."

Vor ihrer Rom-Reise hat sie einen Termin beim Zahnarzt, zu dem ich sie mit dem Auto fahre; „ich kann doch im Vatikan nicht plötzlich eine dicke Backe kriegen!" Nachdem ich eine Stunde im Auto auf sie gewartet habe, beschließe ich, nachzuschauen, wo sie geblieben ist. In der Poliklinik stehen die Türen aller Behandlungszimmer sperrangelweit offen. Das erste ist leer, die folgenden ebenso, bis ich auf einen geradezu überfüllten Raum stoße. Auf dem Behandlungsstuhl thront Danuta; sie ist dabei, alle umstehenden Ärzte, Pfleger und Schwestern über die neuesten Aktivitäten der ‚Solidarität' aufzuklären. Das letzte, was ich gerade noch mithöre, ist ihre glühende Verteidigung der Forderung nach freien Samstagen.

Als wir wieder nach Hause zurückkommen, steht Leszek etwas hilflos und in Pantoffeln mitten unter den tobenden Kindern. „Deine ‚Solidarität' ist wohl leichter zu managen als die Kinder?" Leszek beherrscht sich augenscheinlich mit Mühe. Eine solche Bemerkung erfordert entweder einen Zwei-Stunden-Vortrag oder gar keine Antwort. Danuta wird sofort tätig und übernimmt die Befehlsgewalt über das herrschende Tohuwabohu. Keine fünf Minuten dauert es, da sind Ruhe und Ordnung wieder hergestellt und jeder hat seine Aufgabe. Bogdan paßt auf Magda auf, ich füttere Anna, Jarek räumt das Kinderzimmer auf, Sławek macht seine Hausaufgaben, Przemek hat sich vor den Fernsehapparat und Leszek ans Telefon geflüchtet;

er muß mit Kollegen sprechen. „Wenn der nichts organisieren kann", so Danutas Kommentar, „ist er nicht glücklich."

Beim Stichwort „Organisation“ bekomme ich an jenem Abend eine der amüsantesten Familiengeschichten erzählt, die offenbar auch bei Danuta fröhliche Erinnerungen wachruft.
„Bevor ich mich mit den Gewerkschaften beschäftigte, war ich auf ein tolles System für Toto-Spiele gekommen. Gerade als wir viel Geld brauchten, hatte ich das entdeckt. Wir besaßen eine neue Wohnung, aber noch kein einziges Möbelstück. Doch, einen Hocker, den hatte ich selbst für die Kinder gebastelt. Immer wieder kam Danuta zu mir und beschwerte sich: so kann man nicht leben, nimm endlich einen Kredit bei der Werft auf und kauf' wenigstens einige Möbel. Mir ist schon egal, welche!
Am ersten Tag habe ich gar nicht hingehört, was sie sagte. Aber am dritten – du kennst sie ja inzwischen – bin ich ziemlich wütend geworden. Ich habe nur gesagt: ‚am Donnerstag, nächsten Donnerstag, gehen wir einkaufen‘; und sie darauf: ‚du bist ein Idiot‘.
Dann habe ich nach meinem System auf unserem einzigen Hocker Toto-Scheine ausgefüllt; am Donnerstag hatte ich 50 000 Zloty zusammen und bat Danuta, mit mir einkaufen zu kommen. Irgendwann bekam ich dann von ihr zu hören, daß andere Leute einen Fernseher, Radios und Staubsauger besäßen, nur wir nicht. Also, wieder mein System, und wir gingen einkaufen.“
Ich frage ihn, warum er dann nicht weitergemacht habe.
„Das hab' ich ja probiert. Ich habe einen Kredit bei der Werft aufgenommen und gespielt, um ein Auto zu gewinnen. Also wieder die Scheine, mein System, und – schon hatte ich alles verloren, es gab keinen Zloty mehr. Da habe ich angefangen zu überlegen und bin zu dem Schluß gekommen: wenn ich in Not bin, dann gewinne ich, sonst nicht.
Also habe ich aufgehört zu spielen. Jetzt leben wir so einigermaßen, aber wenn es uns wieder mal schlecht gehen sollte, fange ich damit wieder an! Sag' ihr doch, daß das alles wahr ist, Danuta!“
„Ja schon, aber sag' du mir mal, wann hier endlich wieder Ruhe einkehrt?“ „Sei still, da muß ich nachdenken. Aber das mit den Toto-Scheinen war ein tolles System.“

Ein Sonntag mit Leszek

Bei uns zu Hause wird das Essen immer kalt.

„Wenn dein Auto groß genug ist, dann könntest du mich ja mal mit der ganzen Familie in die Kirche fahren. Am besten an einem Sonntag."
Dieser Bitte von Lech Wałęsa nachzukommen, ist gar nicht so einfach: Bogdan, mit all seinen Utensilien eines Meßdieners, Sławek mit irgendeiner westlichen Zeitung für einen Freund (Vater Leszek ist darin abgebildet), Przemek, lieb und brav wie immer – doch wie immer fängt er sich die erste Ohrfeige ein – Jarek, laut, lebhaft, mit seinem Kinderspeck nimmt er den meisten Platz ein, und schließlich Magda, süß, zu warm angezogen, knuddelig, notfalls als Galionsfigur auf dem Wagen unterzubringen. Dann Pani Danuta mit Baby Anna, ebenfalls ein Riesenpaket. Und zum Schluß er selbst, vorn natürlich. Was heißt zum Schluß? Mitkommen muß noch Henryk, sein Leibwächter. Er allein braucht zwei Sitze. Bei allem Vertrauen in westliche Produktion – wer baut schon solche Autos?
Wir wollen in seinen alten Bezirk fahren, zu der alten Kirche, den alten Leuten, dem alten Pfarrer. Hier wohnte Wałęsa bis vor zwei Wochen. Es war schwer für ihn, sich umzugewöhnen, seit 1969 war dies „sein Viertel". Die Elektromontage der Danzinger Werft liegt ganz in der Nähe, hier hat er gearbeitet, als er, wie die Leute sagen, noch ‚normal war und alle Ideen nur im Kopf hatte'. Ein Teil von ihnen ist inzwischen verwirklicht, ein ‚normaler Arbeiter' aber ist er nicht mehr, allein zwei Monate Distanz zum Geschehen auf der Werft lassen bei ihm schon die Sehnsucht nach den ‚alten Zeiten' aufkommen.
Die Siedlung, in der seine neue Wohnung liegt, wirkt erdrückend, eines dieser Monster, deren Konstruktion einem sozialistischen Stadtplaner im Zustand schwärzester Verzweiflung eingefallen sein muß. Unverputzte Mauern, zu wenig Abstand zwischen den Blöcken, zertrampelte Rasenflächen, die Gehwege nicht fertig, nie fertig, – hier wird man krank. Die Planerfüllung wird nach umbauten Kubikmetern berechnet, nicht jedoch danach, ob sich die Bewohner hier wohlfühlen. Das müssen sie nämlich am Anfang so oder so, denn wer entwikkelt schließlich nach 13 Jahren Wartezeit auf eine eigene Wohnung keine Glücksgefühle?
Ein Labyrinth von Straßen, der richtige Eingang ist für mich nur zu finden, weil Wałęsa davor wartet und winkt. Seine Söhne sind bei ihm,

und mit ihnen freut er sich wie ein Kind, daß die westliche Autoindustrie Modelle erdacht hat, in denen diese Masse von Kirchgängern unterzubringen ist. Danuta und die Kleinen kommen, Henryk folgt, wir müssen uns aneinanderquetschen, die Kinder drücken auf sämtliche Knöpfe, Leszek auch, Henryk rennt zurück nach oben, er hat die Tabletten vergessen, ich würg' den Wagen ab, Anna schreit, Przemek bekommt seinen Klaps, besonders warm ist es nicht, aber ich fange trotzdem an zu schwitzen.

In Leszeks früherer Gemeinde stehen alte Häuser, sie wirken zwar genauso heruntergekommen wie die neuen, aber längst nicht so bedrohlich. Leute winken ihm zu, er ist ihr Leszek. Hier ist alles wärmer, privater, aber er gehört nicht mehr hierhin. ‚Bis vor zehn Tagen . . .', bei dieser Erinnerung, das weiß ich inzwischen, greift der Gewerkschaftsführer zu einer der Erklärungen, die er in jüngster Zeit so oft abgibt, daß man sie fast schon auswendig weiß. Also: „Die alte Wohnung hatte nur zwei Zimmer, und das ist bei so vielen Kindern zu wenig. Die neue habe ich nicht deshalb bekommen, weil wir den Streik gewonnen haben oder man mich kaufen wollte. Seit Jahren lag mein Antrag schon vor, irgendwie ist das zeitlich jetzt so zusammengefallen. Man hat mir inzwischen nach dem Streik mehrere Einfamilienhäuser angeboten. Ich habe das aber abgelehnt, weil ich keine Lust habe, andauernd zu hören, daß ich auch schon so korrupt wie ein Teil unseres Systems geworden bin. Es geht um meine Kinder, und die können in der neuen Wohnung ohne Probleme aufwachsen."

Wohler scheinen sie sich indessen noch in der alten Umgebung zu fühlen. Als wir ankommen, sind ihre alten Freunde aus der Schule da, aus dem Religionsunterricht, aus dem Kindergarten. Die Popularität des Vaters wird rasch uninteressant, selbst das Auto ist schnell vergessen. Die Kinder werden übermütig, und Bogdan, der hier immer noch Meßdiener ist, bekommt seine Ohrfeige, weil er während der Heiligen Messe dauernd mit seinem Freund flüstert und kichert. Dabei flüstert Vater selbst. Er diskutiert hinter vorgehaltener Hand darüber, warum ich mich weigere, niederzuknien. „Ach, eine Luther!" – er hat es endlich begriffen. Die Kleinste brüllt, Leszeks Bewacher verabreicht ihm pünktlich – Messe oder nicht – die fälligen Antibiotika gegen seine Rippenfellentzündung; Wałęsa wiederum rechtfertigt sich inzwischen gegenüber seinen alten Kollegen damit, daß der Wagen, mit dem wir gekommen sind, nicht sein eigener sei; „nein, ich habe noch keinen und will auch keinen. Ich habe nämlich keine Lust zu hören, daß ich

inzwischen korrupt geworden bin und man mich gekauft hat, ... usw. usw."
Spontan kommt ihm die Idee, all seine alten Kollegen einzuladen. Am besten zum 29. September, zu seinem Geburtstag.
„Das geht nicht", meint Pani Danuta, „dazu ist selbst die neue Wohnung zu klein."
Sie flüstert es nur – doch die folgende Diskussion zwischen den beiden ist etwas lauter. Der Pfarrer wird nervös, Leszek ist es bereits, eines der Kinder ist verschwunden, Henryk zwängt sich durch die Menschenmenge, ein Arbeiter möchte Wałęsa eine Erklärung seines Betriebes überreichen, und plötzlich soll ich es gewesen sein, die angeblich die Schnapsidee hatte, hierherzufahren – jetzt werde auch ich nervös. Schließlich gelangen wir alle, nach Abzählen durch Mutter Danuta, wieder ins Auto zurück und fahren durchs Spalier winkender Menschen. „Danke", rufen sie immer wieder und natürlich stakkato: „Leszek, Leszek!" Er nimmt diese Ovationen entgegen, als seien sie das Selbstverständlichste von der Welt, freut sich, winkt zurück, ein Witzchen hierhin, eines zur anderen Seite – als sei er solche Auftritte sein Leben lang gewöhnt gewesen. Dann folgt eine Ehrenrunde, vorbei an der Elektromontage. Sie ist der historische Angelpunkt, hier brach am 14. August der Streik aus, als man forderte, Lech Wałęsa wieder einzustellen. Daß die Forderung auch auf andere bezogen wurde, scheint er, fast unbeschwert, vergessen zu haben – hier jedenfalls begann seine Karriere.
Als ich das Wort ‚Karriere' fallen lasse, wird er wütend, obwohl er sich eigentlich gar nicht so richtig darauf versteht. Er spricht in solchen Momenten doppelt so schnell und aggressiver als gewöhnlich, und da er ohnehin sehr schnell spricht, hämmern seine Worte bei solchen Ausbrüchen auf den Gesprächspartner ein.
„‚Karriere' wurde für Bonzen und nicht für Arbeiter erfunden. Aber es gibt einen Punkt, da muß man etwas anfangen, egal, was daraus wird. Wenn man nichts mehr zu verlieren hat, nimmt man jeden Verlust in Kauf. Ihr könnt nur immer in euren Kategorien, wie politisches System und Karriere, denken. Mir geht es einzig und allein um freie, unabhängige Gewerkschaften, die die Interessen der Arbeiter wahrnehmen. Und ich habe gewonnen – teils auf Knien und teils mit erhobenem Haupt! Magst du Erbsensuppe?"
Es ist schwer, seinen Gedankensprüngen zu folgen. Genauso spontan, wie diese Ausbrüche aufflammen, finden sie auch ihr Ende. Ich mag

Am liebsten im alten Wohnbezirk zur Kirche

Nur beim sonntäglichen Gottesdienst findet man noch Zeit für die Familie. Leszek mit Tochter Magda . . .

und Frau Danuta

Erbsensuppe, und wir machen uns auf den Rückweg zur sozialistischen Mustersiedlung.
Vor seinem Haus steht ein Mann. Er warte seit Stunden, sagt er, man brauche Wałęsa in Sopot.
Die staatliche Lebensmittelkette Społem hat beschlossen, sich den unabhängigen Gewerkschaften anzuschließen. Die Angestellten warten nun auf den großen Vorsitzenden und einige Worte von ihm. Ohne Zögern dreht Wałęsa um, Henryk und ich folgen ihm. Pani Danuta ist bereits mit den Kindern ins Haus gegangen und sieht verblüfft vom Fenster aus zu, wie wir alle wieder ins Auto springen. Die Zeiten haben sich sehr schnell geändert, selbst am heiligen Sonntag hat ihr Mann keine Zeit mehr für die Familie.
„Wenn wir zurückkommen", so orakelt Wałęsa, „dann kannst du ein Donnerwetter miterleben."
Donnerwetter und bis zwölf zählen, diese Wörter kann er auf deutsch sagen und freut sich wie ein Kind, wenn er verstanden wird.
Unterwegs ein kurzer Halt, irgendeine Medizin ist fällig, gerade jetzt. Leszek knurrt Henryk an, der aber macht sich nichts daraus. Für ihn ist Wałęsa inzwischen wie ein Sohn. Auf der Werft hat er Tag und Nacht vor dem Raum gesessen, in dem sich der Streikführer aufhielt. Er hat ihn versorgt, vor zudringlichen Leuten und zu vielen guten Freunden bewahrt und beschützt.
14 Tage lang in derselben blauen Kluft, auf demselben wackligen Stuhl. Ab und zu hat er ein Nickerchen gemacht, seinen Sitzplatz dabei aber nie verlassen. Er war zwar brummig wie ein Bär, doch immer gut gelaunt; trotzdem sagte er meistens lachend „Nein!" Es war schwer, an ihm vorbei zu Wałęsa vorzudringen. Henryk ist Vollmatrose und inzwischen 58 Jahre alt. Sein Leben lang ist er auf See gewesen, zuletzt auf einem Boot der Reparaturwerft. Er hat zusammen mit Leszek zwei Monate unbezahlten Urlaub, um auch weiterhin auf seinen Schützling gut aufpassen zu können. Wenn alles vorbei ist – und das ist der Traum des alten Mannes – „dann fahren wir alle zusammen hinaus Aale fangen, – mindestens drei Tage lang. Ich glaube nicht, daß die auf der Werft uns betrogen haben."
Die Społem-Mitarbeiter haben sich in einem Nachtclub versammelt, „und das an einem Sonntag", sagt ihr Sprecher stolz. Draußen ist strahlendes Herbstwetter, Hunderte von Spaziergängern nutzen die letzten Sonnenstrahlen dieses Jahres. Auf der Mole schlendern sie auf und ab; Möven, Eiscrème, Kinderwagen, geöffnete Jacketts, hochge-

krempelte Ärmel und, vor allen Dingen, endlich etwas Entspannung. Da fällt die Hektik um so mehr auf, mit der Leszek, vor ihm sein Bewacher und hinter ihm ich, durch die Menge drängeln. Die Leute schauen erst empört, dann erkennen sie uns, und Henryk bekommt einiges zu tun. Aus ist es mit der sonntäglichen Beschaulichkeit.

„Bei uns ist das mit den Wohnungen . . . wissen Sie, die Familienzulage . . . Schinken in Stettin nur gegen Devisen . . . Arbeitszeiten . . . Streikbereitschaft . . . Repressalien . . . kommen Sie doch mal in unseren Betrieb . . . das Krankenhaus . . . keine Medikamente . . . bitte sagen Sie etwas dazu . . ." Er spricht. Und obwohl sämtliche Probleme der Volksrepublik in fünf Minuten auf seine Schultern gepackt wurden, findet er genau die richtigen und knappen drei Sätze, die allen Beruhigung, Hoffnung und Unterstützung versprechen.

Weder er noch ich wissen hinterher genau, was er eigentlich gesagt hat.

Im Nachtclub sind die Fenster verhangen. Wo normalerweise vielleicht 120 Menschen Platz finden, drängen sich ca. 300 in Nischen, an der Bar und um die zierlichen Tischchen. Auf der Tanzfläche stehen ein Stuhl und ein Mikrophon. Schwaden von Zigarettenrauch vernebeln alles.

Als Wałęsa auftritt, bringt der Applaus frischen Wind ins zwielichtige Innere seine direkte Art, auf ihre; anfangs noch etwas nervösen Fragen einzugehen, lockert sämtliche Verkrampftheit im Saal. Schon während seiner ersten Antwort hat Wałęsa vergessen, daß er eigentlich in einer halben Stunde wieder zu Hause sein wollte. Kein Zweifel, er hat sich ganz seiner Arbeit, seiner Idee verschrieben – ungeachtet seiner Belastungen und seines ständigen Termindrucks.

„Es wird nur dann wieder gestreikt, wenn die Regierung unsere neuen unabhängigen Gewerkschaften nicht akzeptiert. – In Kattowitz gibt es nur noch punktuelle Streiks wegen personeller Veränderungen. – Wenn aber gestreikt werden muß, dann ist die Finanzierung unsere letzte Sorge. Auf der Bank liegen inzwischen Spenden für unsere neue Idee und genug Geld, daß wir es uns leisten können, ein halbes Jahr lang zu streiken – die Frage ist nur, ob die Regierung sich das ebenfalls leisten kann."

Applaus. Durch seinen letzten Satz, durch seine Leichtigkeit hat er ihnen die Angst genommen, sie lachen, sie finden Mut zu konkreteren Fragen, auch ganz privaten an ihn: es gäbe Gerüchte, die Regierung habe nur leere Versprechen abgegeben, und weil er das alles unter-

zeichnet habe, besäße er jetzt bereits ein Haus und ein Auto . . .
„In den Verhandlungen hat sich der Herr Premierminister wie ein Gentleman verhalten, und wenn es leere Versprechen waren, werden wir streiken. Ich nehme nichts an, ich bleibe einer von euch. Ich will nicht, daß man behauptet, ich sei inzwischen korrupt geworden und würde, usw., usw."
Zwei Stunden hat dies alles gedauert, dann machen wir den nächsten Versuch, nach Hause zu kommen. Kaum steigen wir aus dem Auto, wird oben ein Fenster aufgerissen. Alles, was sich wohl seit einem Monat in der Seele Pani Danutas angesammelt hat, ergießt sich nun über uns. Da hilft keine Verteidigung – was ist schon Społem gegen einen heiligen Sonntag, sechs Kinder, ein Mittagessen? Und der Gewerkschaftschef kann es sich nicht verkneifen, mich triumphierend anzusehen: „Siehst du, ich hab's dir gleich gesagt, wenn wir nach Hause kommen, gibt's ein Donnerwetter, eins, zwei, drei, vier, fünf . . ."
Die Erbsensuppe schmeckt trotzdem gut, der Zorn ist schnell vergessen – nur ruhig essen können wir nicht, denn alle zwei Minuten klingelt das Telephon. Sechs Kinder wollen nun endlich ihr Mittagessen haben, ich stelle überflüssige Fragen, eine Nachbarin kommt zu Hilfe. Die Kinder müssen die guten Sachen vom Kirchgang ausziehen; erst drei Zimmer der neuen Wohnung sind bewohnbar, in einem hat Magda versehentlich einen Kartoffelsack umgeworfen. Leszek beschließt, einen Kuchen zu backen, während eine Delegation Rosen abgibt. Inmitten von Blumen, Teig, Kaffee, Erbsen und Kindern wird er plötzlich ganz ruhig. „Am Sonntag werden wir einen historischen Punkt erreichen. Zum ersten Mal seit der stalinistischen Zeit wird das Radio eine Messe für die Kranken, die Alten und alle, die zu Hause bleiben müssen, übertragen. Und das allein war den Kampf schon wert – aber glaube nur nicht, daß ich aufhöre."
Der Kuchen ist zu süß, der Kaffee zu schwarz, die Erbsensuppe inzwischen kalt. Magdusia hat in die Hosen gemacht, ich bemühe mich, ihr neue anzuziehen, ein Handwerker versucht, in den hinteren Teil der Wohnung zu gelangen. Leszek übernimmt inzwischen das nasse Kind und erklärt mir dabei, daß sie eigentlich hier drei Wohnungen hätten, die ineinander übergingen. Alles würde renoviert, Wohn- und Büroräume, die Kinder brauchten ja auch ihren Platz. Nur solle ich bloß nicht glauben, daß dies alles wegen des

Streiks geschehe. Er wolle nicht, daß die Leute munkelten, er sei inzwischen etc., etc.
Es klingelt, jetzt habe ich wieder die nasse Magda, er erklärt gerade die Pläne für die nächsten Tage, Henryk läuft verzweifelt mit der für Leszek fälligen Arznei durch den Raum. Die Kartoffeln sind immer noch nicht aufgesammelt – und mitten in diesem Durcheinander erscheint hier plötzlich der Bischof von Danzig, selbstverständlich mit einer Delegation, und schürzt seine Soutane, damit die Erdäpfel sie nicht beschmutzen. Er überbringt Herrn Lech Wałęsa die Botschaft, daß am nächsten Sonntag wahrhaftig eine Heilige Messe vom polnischen Radio in ganz Polen übertragen würde – von jetzt an solle das an jedem Sonntag geschehen. Leszek sagt zu mir: „Siehste", und ich antworte ihm: „jetzt geh' ich, denn seine Exzellenz will den Vorsitzenden der neuen Gewerkschaftsbewegung sicher noch privat sprechen – und zwischen Kartoffeln und der Delegation würde ich kaum noch einen Platz finden."

Im Hotel Morski

In fünf Jahren kann sich zeigen, daß es die Sache nicht wert war. Doch was ich tue, tue ich, weil die Bevölkerung hinter mir steht.

In der Marchlewskistraße in Danzig-Wrzeszcz (das früher einmal Langfuhr hieß) steht vor einer verfallenen Jugendstilvilla ein offener Lastwagen. Abgeladen werden Tische, Stühle und Papiere, vor allem Papiere. Vor der Eingangstür unter dem Schild ‚Polnischer Kanarienzüchterverband, Abteilung Danzig', hat sich eine Traube von Menschen gebildet.

Sie wollen sehen, ob es stimmt, was Lech Wałęsa den 20000 vor dem Werfttor am 31. August versprochen hat: „Wenn noch Fragen offen sind", so hat er ihnen zugerufen, „dann kommt ab Montagmorgen um 10 Uhr in die Marchlewskistraße. Ich werde dort sein, in unserem neuen Hauptquartier.

Die Wohnung eines Hals-Nasen-Ohren-Arztes, der Polen vor langer Zeit mit einem Schiff Richtung New York verlassen hat, wird ausgeräumt. Alte Konservenbüchsen, dreibeinige Stühle, Zeitungen von vorvorgestern und anderer Unrat werden hinausgeworfen. Der Wojewode hat den Arbeitervertretern dieses Haus angewiesen als ein Zeichen der Bereitschaft der Regierung, mit der neuen Gewerkschaft zusammenzuarbeiten.

Drinnen herrscht allgemeines Durcheinander. In jedem der spärlich möblierten Räume diskutieren mindestens drei Gruppen aufgeregt miteinander. „Keine Schreibmaschine. Wo ist die Kasse? Holt den Delegierten von der Reparaturwerft! Vereinbarungen beachten! . . . Wo ist der Elektriker, was heißt hier Elektriker?, ein Klempner wäre wichtiger. Wann kommt Leszek? Ich habe schließlich nicht mit dem Wojewoden, . . . schließt doch mal die Tür!"

Die Wortfetzen gehen im allgemeinen Chaos unter. Mit Wałęsa läßt sich hier nur reden, wenn man ihn in die Enge treibt und keinen anderen an ihn heranläßt. Ich passe einen günstigen Moment ab, als er gerade in die Küche verschwindet, um sich ein Glas Tee zu holen.

Wie er sich fühle, ob er mit dem Erreichten zufrieden sei?

„Ich habe gesagt, wir haben gewonnen, was zu gewinnen war. Mehr war zur Zeit nicht zu machen. Wir haben die führende Rolle

der kommunistischen Partei anerkannt, aber die Partei interessiert uns nicht. Wir regieren uns selbst, wir sind Gewerkschafter und sonst nichts. Mit der Partei hat das überhaupt nichts zu tun.
Wir nennen uns jetzt unabhängige und selbstverwaltete, nicht mehr freie Gewerkschaften, die Sache hängt doch nicht von ihrem Namen ab. Sie hängt von dem ab, was wir tun. Ich könnte ja auch Kwiatkowski und nicht Wałęsa heißen."
In der Küche ist es verhältnismäßig ruhig. Von draußen dringen Stimmengewirr und Geräusche des Möbelrückens und Türenschlagens herein. Der Tee ist fertig, Leszek verbrennt sich am kochendheißen Glas die Finger.
„Unsere Arbeit fängt jetzt erst an. Das, was wir hinter uns haben, war ein Kinderspiel verglichen mit dem, was noch vor uns liegt. Aber wir werden weitermachen. Wie du siehst, haben wir noch keine Tische, keine Stühle, keine Schränke, aber wir machen weiter. Egal unter welchen Bedingungen."
Für den Einzug ins neue Gewerkschaftsgebäude hat Leszek sich freigenommen. Er feiert, wie er sich ausdrückt, Überstunden ab. Formell steht er zwar wieder auf der Gehaltsliste der Lenin-Werft, doch will er sich morgen zunächst einmal in der Personalabteilung erkundigen, wie seine arbeitsrechtliche Situation augenblicklich aussieht.
Bei der Gelegenheit will er sich gleichzeitig für den heutigen Tag entschuldigen. Eine der Streikforderungen lautete, Wałęsa unverzüglich wieder einzustellen, nachdem er im Jahr 1976 gekündigt worden war. Dann allerdings hieß es am siebten Streiktag, daß, wenn die Arbeit nicht sofort wieder aufgenommen würde, alle Gewerkschaftsführer ihrerseits mit Entlassung zu rechnen hätten.
„Ich muß erst einmal herausfinden, wie meine persönliche Lage aussieht, hier muß ich Ordnung schaffen. Um den Rest Polens kann ich mich erst kümmern, wenn wir hier etwas Land sehen.
Aber in Danzig bleibe ich auf jeden Fall. Umziehen muß ich zwar auch noch – aber erst nach der ganzen Aufregung. Ich habe so und so zu wenig Zeit für mein Privatleben, du siehst ja, was hier los ist."
Ob die Behörden den neuen Gewerkschaften Schwierigkeiten machten?
„Da mußt du die Behörden selbst fragen. Ich habe für einen Kleinkrieg mit Bürokraten keine Zeit. Weder ein Streik noch ein Gewerkschaftsbüro lassen sich in ein paar Stunden organisieren. Das politische

System bei uns interessiert mich nicht. Ich bin ein Vertreter der Arbeiter und will meine Gewerkschaften haben – ob das in deine politischen Schubladen paßt, ist mir egal. Mit dem Kommunismus habe ich mich noch nicht gründlich beschäftigt. Ich will nur, daß die Arbeiter in der Lage sind, sich zu verteidigen."
Ob die Unterzeichnung der Vereinbarungen auf der Werft nach seiner Einschätzung einen historischen Augenblick dargestellt hätten und er auf das Erreichte stolz sei, möchte ich erfahren.
„Was heißt hier historischer Augenblick? Was geht mich denn die Geschichte an? Ich kämpfe nicht für die Geschichte, ich kämpfe für Menschen. Für Tausende unserer Kollegen haben wir diese Forderungen durchgesetzt. Kämpfen, das heißt nicht Kampf mit Panzern, Artillerie oder Flugzeugen. Ich kämpfe mit den Mitteln, die einer Gewerkschaft zur Verfügung stehen – Streik ist nur ein Mittel unter vielen.
Mit persönlichem Stolz hat das alles nichts zu tun. Ich bin hier weder Chef noch großer Vorsitzender, ich diene unserer gemeinsamen Sache. Was die Mehrheit von mir verlangt – auch wenn es idiotisch wäre – werde ich versuchen durchzusetzen. Natürlich lege ich meine Hände, wenn es sich vermeiden läßt, nicht ins offene Feuer. Aber was in den Forderungen steht, das werde ich durchsetzen."
Mittlerweile haben sich auch in der Küche Leute angesammelt, die alle durcheinander reden. Leszek wird unruhig, er hat noch etwas anderes zu erledigen. So wird ihm das Gespräch mit mir lästig; doch auf eine rasche Frage bekomme ich noch Antwort:
„Natürlich können wir jede Hilfe brauchen. Jeder hier kann sich ja selbst überzeugen: Es fehlen uns Stühle und Tische, irgendwo muß man ja schreiben können. Wir brauchen Schreibmaschinen und Vervielfältigungsapparate. Wir müssen bei Null anfangen – wir haben überhaupt nichts."
Immerhin verfügen sie über ein Büro, auch wenn die Ausstattung noch jämmerlich ist. Und, was wichtiger ist: sie besitzen Optimismus. Sie wissen, daß ein Stück harter Arbeit auf sie wartet, wenn sie das erreichen wollen, was sie sich vorgenommen haben. Trotzdem hoffen sie auf ihren Erfolg, weil sie für Polen Erfolg haben wollen.

Die überlegen sich jetzt, was sie da eigentlich angerichtet haben.

In der Woche nach Beendigung des Streiks, während die neuen Gewerkschaften sich langsam einrichten, findet in Warschau eine Sitzung des Parlaments statt. Die Abgeordneten beraten über die Vereinbarungen von Danzig. Die Debatte wird künftig als eine Sternstunde des polnischen Parlaments bezeichnet werden.
„Wir müssen endlich aufräumen mit dem Verein der heimlichen Eigentümer Volkspolens“, hatte ein Abgeordneter gefordert; ein anderer hatte davon gesprochen, daß nunmehr endlich der Weg für eine ehrliche Verständigung der Polen untereinander frei sei – unabhängig davon, ob sie kirchlich, parteilich oder überhaupt nicht gebunden seien.
Doch das politisch Wichtigste bei dieser Sejmsitzung: Edward Giereks Platz in der ersten Reihe, die für den Staatsrat reserviert ist, blieb den ganzen Tag über leer. Den Ausstand an der Küste hatte Parteichef Gierek politisch noch überlebt. Dramatisch wurde es jedoch für ihn, als seine Hausmacht ins Wanken geriet. Die Bergleute Oberschlesiens, parteilich organisiert und im ganzen Land als besonders diszipliniert bekannt, hatten sich nun doch nach 17 Tagen Streik an der Küste ebenfalls dem Ausstand angeschlossen. Sie wollten sich nicht mit der Versicherung beruhigen lassen, das in Danzig Erreichte werde auch ihnen zugute kommen. Sie wollten das schwarz auf weiß vor sich sehen, wie ihre Werftkollegen. So standen sie in Bytom vor den Werkstoren, in Jastrzembie, in Walbrzych und allen übrigen Provinzstädten, in denen die Arbeiter entweder zu spät oder nur unvollständig über den Streik in Danzig unterrichtet worden waren.
Bis zuletzt, so hieß es unter Parteiangehörigen, habe Edward Gierek nicht erkannt, daß es sich hier um eine Massenerhebung aller Polen handelte. So sei er noch auf der letzten Politbürositzung vergeblich gegen Konterrevolution und antisozialistische Elemente zu Felde gezogen. Die Leute, die in dieser Woche, sieben Tage nach Beendigung des Danziger Streiks ans Ruder kommen, hatten wesentlich früher als ihr ehemaliger Parteichef erkannt, daß sie es nicht mit antisozialistischen Kräften zu tun hatten, sondern mit der von ihnen so häufig beschworenen Arbeiterklasse.
Die ersten Folgen der personellen Neubesetzungen in der War-

schauer Parteiführung für Lech Wałęsa und seine Anhänger: sie dürfen aus den zu engen und miserabel ausgestatteten Räumen des Kanarienzüchterverbandes wieder ausziehen. Die Direktion der Lenin-Werft stellt ihnen ein vierstöckiges Haus an der Hauptstraße von Danzig nach Zoppot, ein ehemaliges Arbeiterwohnheim, zur Verfügung: das Hotel Morski.

Hier ist ab sofort die Leitung der neuen Gewerkschaft ‚Solidarität' untergebracht, hier hat Leszek sein Büro. Hier finden Sitzungen mit den Delegierten aus dem ganzen Land statt. ‚Solidarität' hat inzwischen, drei Wochen seit ihrem Entstehen, bereits über fünf Millionen Mitglieder. Bald werden es zehn Millionen, bald mehr als die Hälfte aller polnischen Arbeitnehmer sein.

„Wir müssen zusammenhalten; wenn wir uns isolieren, walzen sie uns nieder", beschwört ein Delegierter aus Krosno seine Kollegen im Versammlungssaal des neuen Gebäudes. Im ehemaligen Arbeiterwohnheim stehen und sitzen Abgeordnete aus dem ganzen Land dichtgedrängt, Schulter an Schulter, ob sie es wollen oder nicht. Zum ersten Mal diskutieren sie landesweit über das Statut der neuen Arbeitervertretung.

Schon in den Tagen zuvor waren Delegierte aus Schlesien, dem Revier, aus Białystok und Stettin, aus Posen und Warschau nach Danzig gereist, um sich im Hauptquartier der ‚Solidarität' Rat und Informationen zu holen. Alle Präsidiumsmitglieder hatten sich zwei Monate unbezahlten Urlaub genommen, und jeder von ihnen hatte sich im dritten bzw. vierten Stock des ehemaligen Gästehauses sein Büro mit festen Sprechstunden eingerichtet. Vor jeder Tür sah man während des ganzen Tages eine endlose Schlange von Besuchern. Die meisten allerdings warteten vor dem Raum, in dem Informationsmaterial ausgeteilt wurde.

Seit dem Einzug in dieses Haus sitzen im Keller, in einem fast lichtlosen Raum, Studenten der Medizinischen Fakultät von Danzig und vervielfältigen auf einer altersschwachen Maschine Verlautbarungen des Gewerkschaftsvorstandes.

In Leszeks Büro herrscht ein ständiges Kommen und Gehen. In dem winzigen Raum hat außer einem Schreibtisch und einer Zimmerpalme beinahe nichts mehr Platz. Leszek hockt hinter seinem Schreibtisch wie hinter einer Festung. Er ernährt sich von Tee, Zigaretten und Antibiotika. Seine Rippenfellentzündung hat sich verschlimmert. Jeder Bittsteller möchte etwas anderes von ihm: Der eine bittet um

Unterschrift unter eine Pressemitteilung, ein anderer hat Probleme mit dem Geschäftsführer seines Betriebes. Ein dritter mahnt einen Termin mit dem Minister an wegen des Denkmals für die Streikopfer von 1970. Eine Kollegin erscheint und erinnert ihn an die Uhrzeit.
„Leszek, der Oberbürokrat", sage ich spöttisch. Er fühlt sich in keiner Weise herausgefordert.
„Ich versuche es mit so wenig Bürokratie wie möglich und soviel wie nötig", erwidert er. „Aber manche Dinge müssen einfach unterschrieben werden, sonst sind sie nicht rechtskräftig. Repressionen gegen unsere Mitglieder gibt es jetzt kaum noch, und wenn ich am Montag mit dem Minister gesprochen habe, werden sie wohl völlig aufhören. Ich bin jetzt ein von der Regierung anerkannter Vertreter der Werktätigen, ein Führer der Arbeiter. Eigentlich hatte ich mit mehr Schwierigkeiten gerechnet, so bin ich nun mal. Ich stelle mir immer die größten Probleme vor, wenn die Sache dann leichter als erwartet abläuft, bin ich zufrieden."
In seine führende Rolle hat sich der Elektromonteur der Lenin-Werft erstaunlich schnell hineingefunden. Er entscheidet, delegiert, gibt Anweisungen und stellt gelegentlich Rückfragen – stets kurz und präzise, doch trifft er seine Entscheidungen am liebsten unverzüglich. Zwischendurch stellt er sich den verschiedensten Interviewern. Franzosen, Belgier, Japaner, Engländer, Amerikaner, Niederländer, Deutsche und Schweden gehen in seinem Büro ein und aus. „Popularität brauche nicht ich, ich brauche nur unsere Idee."
Wenn sich auch manche der raschen Entscheidungen Wałęsas später als falsch erweisen, so existiert doch eines der Hauptprobleme Polens im Gewerkschaftshauptquartier nicht: das Zaudern, das Auf-die-lange-Bank-Schieben, das Sich-Drücken vor Verantwortung. Mancher Direktor, so will es mir scheinen, könnte durchaus von dem kleinen Mann in seinem abgetragenen grauen Anzug mit dem Madonnenbild am Rockaufschlag eine Menge in der Kunst des Managements lernen.
„Unsere Taktik ist ganz simpel. Wir lassen uns nicht vom rechten Weg abbringen. Wir wollen keine Zentralgewalt, wir wollen feste Vereinbarungen zwischen regionalen Komitees. Die alten Gewerkschaften können uns ruhig Konkurrenz machen. Wenn wir uns in guten Ergebnissen gegenseitig zu übertreffen versuchen, kann sich das für die Arbeiter nur positiv auswirken. Die Leute sollen dort Mitglied werden, wo sie sich am besten vertreten fühlen. Wenn die alten Gewerkschaften wirkungsvoller als wir die Interessen der Arbeiter vertreten, dann würde ich bei denen sofort Mitglied werden."

Seine Bereitschaft, sich selbst in Frage zu stellen und den eigenen Erfolgen gegenüber skeptisch zu bleiben, ist in meinen Augen Wałęsas größtes politisches Potential.
Wie es mit ihren materiellen Möglichkeiten stünde, ob sie genügend Geld besäßen, um alle notwendigen Anschaffungen zu finanzieren?
„Wir haben im Moment fast nur Einnahmen und keine Ausgaben, es sei denn für eine Kaffeetasse. Wir sind nur ein Gründungskomitee und können deshalb über Mitgliedsbeiträge nicht verfügen. Bis jetzt haben wir nur gesammelt, was uns gespendet wurde. Der Zentralrat der alten Gewerkschaften verbreitet in dieser Beziehung üble Gerüchte über uns: er macht zur Zeit nicht den Eindruck, als wolle er konstruktiv sein. Dabei verfügt er über alle Spezialfonds, Ferienheime, Kindergärten, usw. Mit welchem Recht eigentlich? Das sind doch Werte, die von uns allen gemeinsam in gemeinsamer Arbeit geschaffen worden sind."

Jeder kann uns gerne unterstützen. Man darf aber keine Gegenleistungen erwarten.

Die alten Gewerkschaften und der Führungsapparat geben sich keine sonderliche Mühe, um der neuen Organisation den Start zu erleichtern. Viele Funktionäre sähen es wohl am liebsten, wenn die „Solidarität" in ihren Anfangswirren und Aufbauschwierigkeiten zugrunde ginge. Aber deren Mitglieder haben den langen Marsch durch die Institutionen entschlossen in Angriff genommen.
Beim Durchstreifen der Flure im Hotel Morski erhält man den Eindruck eines totalen Chaos: Menschen rennen ununterbrochen durch die Gänge auf der Suche nach bestimmten Büros, doch sind die meisten Türen falsch beschriftet. Das Zimmer, in dem noch gestern die Gewerkschafterin Anna Wałęntynowicz saß, gehört heute bereits den Graphikern, und im ehemaligen Zimmer der Übersetzer hat sich inzwischen die Sekretärin von Bogdan Liz niedergelassen. Delegierte aus verschiedenen Landesteilen treffen mit ihren Gesprächspartnern nicht zusammen, weil niemand weiß, wer für sie zuständig ist. Es fehlt an allem: Papier, Büroklammern, Kugelschreibern und Stempelkissen; die Telefonzentrale ist überlastet, der Student, der den Fernschreiber bedient, total überfordert. Leszek betrachtet alles mit Gleichmut; er hofft auf Besserung.
„Zu behaupten, das sei Desorganisation, halte ich für unfair. Wir bauen erst auf, wir müssen alle noch lernen. Wenn eine so große Sache

entsteht, wie die ‚Solidarität', etwas so weltweit Wichtiges, dann kann das einfach nicht ohne Schwierigkeiten ablaufen."

Leszek gerät ins Schwärmen, was ihm selten passiert. Er vergißt alle Probleme mit den Hilfskräften, die bei der ‚Solidarität' zu wenig verdienen, alle Auseinandersetzungen zwischen verschiedenen Expertengruppen, die gelegentlichen Streitereien im Gewerkschaftsvorstand.

„Wenn wir schaffen, was wir uns vorgenommen haben, wird die Menschheit ein wenig menschlicher werden. Was wir hier machen, kann etwas Großes werden, was die Welt verändert. Der Mensch lebt nur siebzig Jahre auf diesem Planeten, warum soll er sich quälen müssen? Wir sind dazu da, mehr Menschlichkeit zu erreichen, und ‚Solidarność' ist ein Schritt in diese Richtung."

„Bist du ein Sozialist?"

„Nein, ich passe nirgendwo hin, in keine Kategorie. Aber ich glaube, der Sozialismus enthält einige Lösungsvorschläge für soziale Probleme, die besser sind als die anderer Systeme."

„Fühlst du dich wie ein Held?"

„Nein, ich bin nur ein kleiner Wurm, der vielleicht bei einer großen Sache etwas mithelfen kann."

Neue Besucher kommen in Leszeks Zimmer. Bozena, die Sekretärin, läßt das Telefon auf seinem Schreibtisch summen. Kein Zweifel, damit bin ich entlassen.

Wałęsas Berater

Unterstützung ja, aber ich laß' mich vor keinen Karren spannen.

Die Experten, die den Werftarbeitern bei der Ausarbeitung ihrer Forderungen geholfen haben, halten sich immer noch im Gewerkschaftshaus auf. Zu ihrer Gruppe gehören sowohl liberale katholische Intellektuelle, Abgesandte des kirchlichen Episkopats sowie einige Männer der Dissidentenvereinigung ‚KOR'.

„Ich höre auf alle von ihnen und denke darüber nach, was sie zu sagen haben. Schließlich haben ja Leute wie ich ihr Leben lang hart geschuftet, damit solche Experten, die Bildung und Wissen erwerben konnten, uns jetzt auch helfen. Wir wären dumm, wenn wir ihren Rat ausschlagen würden. Auch wenn die Partei Fachleute zu uns schickt, müssen wir ihnen zuhören."

Wałęsas Absichten werden deutlich: allen zuzuhören, von allen Argumente und Gegenargumente zu sammeln, um dann in der Lage zu sein, selbständig und ohne Beeinflussung durch eine der Expertengruppen so entscheiden zu können, wie er es für richtig hält. Offensichtlich hat für ihn im Fall intellektueller Unterstützung dasselbe Prinzip Gültigkeit wie bei Geldspenden:

„Unterstützung ja, aber ich laß' mich vor keinen Karren spannen."

Viele der Experten sind Rechtsanwälte. Sie kennen die Klippen, die in der gegenwärtigen Phase des organisatorischen Aufbaus besonders gefährlich sind. Alle, die hier tagtäglich zwischen zwölf und vierzehn Stunden ehrenamtlich tätig sind, wollen mit der neuen Gewerkschaft mehr erreichen als ein Aushandeln von Tarifen und ein Verwalten von Sozialpaketen. Sie wollen ein Organ gesellschaftlicher Kontrollen errichten, durch welches garantiert wird, daß sich die Sünden der Vergangenheit nicht wiederholen.

Diese Zielsetzungen kann nicht ein einzelner, kann nicht Lech Wałęsa allein verwirklichen. Seine wichtigsten Stützen sind Andrzej Gwiazda und Bogdan Liz, der eine Ingenieur und Gewerkschaftsspezialist – „mein Generalstabschef", wie ihn Wałęsa nennt – der andere ein ungelernter Arbeiter und Organisationstalent im Hotel Morski.

„Gwiazda kenne ich schon aus den illegalen Zeiten der Freien Gewerkschaften. Bogdan Liz habe ich erst beim Streik auf der Werft kennengelernt. Wenn ich mir überhaupt jemals Gedanken über meinen Rück-

„Man kann alles lernen." Die erste Pressekonferenz in Warschau

Fast schon etablierter Politiker. Kranzniederlegung am Grabmal des Unbekannten Soldaten

1. 10. 1980: Warnstreiks. Die Tore der Lenin-Werft schließen sich wieder

tritt mache, fällt mir als Nachfolger immer sofort Liz ein. Er hat etwas Besonderes an sich, aber er ist noch zu jung. Er braucht vielleicht noch vier oder fünf Jahre, dann ist er der ideale Mann für diesen Posten. Für ihn ist das alles etwas zu früh passiert, er hat zu wenig erlebt, verliert zu schnell die Ruhe und reagiert dann nur noch emotional. Weder Andrzej Gwiazda noch Anna Wałęntynowicz würden auf diesen Posten passen. Gwiazda als Ingenieur ist fantastisch in fachlichen Diskussionen, aber Liz wäre dennoch für diese Arbeit geeigneter."

Gwiazda ist ein enger Freund Wałęsas. Er ereifert sich freundschaftlich über ihn, weil dieser Mann gänzlich anders als er selbst ist.

„Er ist enorm exakt, das war ich mein Leben lang nicht. Ich fange hundert Dinge auf einmal an, er legt eine Sache erst aus der Hand, wenn sie hundertprozentig in Ordnung ist. Wenn er irgendwo einen Fehler entdeckt, muß er ihn erst reparieren, bevor er weitermachen kann.

Auf der Werft gab es einmal eine Szene, da dachte ich: – jetzt erschlag' ich ihn! Es brannte förmlich überall, der Streik schien zusammenzubrechen, ich rannte zu ihm, brauchte einen Rat, brauchte schnelle Hilfe. Und was tat er? Er bückte sich erst einmal, um Kamerakabel in aller Ruhe beiseite zu schieben, die ihm im Weg lagen! Wenn er in einer eiligen Sache unterwegs ist und zwischendurch einen Kramladen sieht, bleibt er erst einmal stehen, schaut sich alles genau an und kauft dann meistens eine Kleinigkeit. Ich bekomme in solchen Situationen fast einen Herzschlag, lasse alles stehen und liegen, selbst wenn was Wichtiges zu erledigen ist."

Der Gedanke, daß es gerade jener besonnene Gwiazda und jener impulsive Liz waren, die zu Leszeks Erfolgen auf der Werft wesentlich beitrugen, scheint mir nicht abwegig. Vielleicht liegt das Geheimnis der Persönlichkeit Lech Wałęsas, das Durchsetzungsvermögen des Arbeiters Leszek gerade darin: daß er nicht nur Gegensätze anzuziehen, sondern auch Personen unterschiedlichster Mentalität und Fähigkeit zu einem funktionsfähigen Team zusammenzuspannen vermag. Leszek zählt zweifellos nicht zu den Klügsten, Geschicktesten und Scharfsinnigsten unter jenen Männern und Frauen, die den Streik auf der Lenin-Werft organisierten. Aber kraft seines Charakters, seiner wachen Intelligenz, seines schnellen

Auffassungsvermögens und seiner Persönlichkeit wurde er zum Katalysator im polnischen Sommer 1980.
Eine wichtige Hilfe für ihn war überdies seine Fähigkeit, mehrere Verbündete gleichzeitig bei der Stange und auf Distanz zu halten. Einer seiner mächtigsten und in ihrer Bedeutung nicht hoch genug einzuschätzenden Verbündeten im Kampf für eine freie Arbeitervertretung ist die katholische Kirche Polens. Lech Wałęsa kehrt gerade aus Warschau zurück. Er war zu Gast beim Primas von Polen, Stefan Kardinal Wyszyński.
Ob das bedeute, Kirche und ‚Solidarität' hätten sich nun zusammengetan?
Wałęsa deutet auf das Kreuz, hinter ihm an der Wand.
„Das Kreuz war von Anfang an bei uns und wird bei uns bleiben, solange ich in der ‚Solidarität' eine entscheidende Stimme habe. Mit dem Kreuz verbinden sich für uns Grundprinzipien: Wahrheit und Gerechtigkeit. Es ist unser Symbol, ich bin ein gläubiger Mensch, das Kreuz wird stets an meiner Seite bleiben!"
Der Kugelschreiber mit dem Papstbildnis, mit dem er die Werft-Vereinbarungen unterschrieb, ist ihm verlorengegangen, den Rosenkranz aber, den er während des Streiks um den Hals trug, besitzt er noch.
„Eine vor dem Platz auf der Werft betende Frau hielt ihn in der Hand. Plötzlich kam sie auf mich zu und hängte ihn mir um. Ich wollte ihn nicht mehr abnehmen und habe ihn getragen, bis er gerissen ist. Die Perlen liegen noch immer hier in der Schublade. Ich bin, wie wohl die Mehrzahl unserer Gewerkschaftsmitglieder, praktizierender Katholik. Das heißt aber nicht, daß wir aus unserer Bewegung einen klerikalen Verein machen."
Mit den Bürgerrechtlern vom Komitee zur gesellschaftlichen Selbstverteidigung ‚KOR' will er seine Gewerkschaft ebenfalls nicht verwechselt wissen.
„Wir sind keine antisozialistischen Elemente. Solche Behauptungen sind schlicht blödsinnig! Wir haben unseren Standpunkt bezogen und werden ihn nicht verlassen. Ich weiß, was ich tue, und ich weiß, was ich will. Die ‚KOR'-Bürgerrechtler schätze ich sehr. Sie sind schließlich meine Freunde, mit denen mich die Gefängniserfahrung verbindet. Ich ziehe diese Leute zu Rat, aber nicht als ‚KOR'-Mitglieder, sondern als kluge Sachverständige, die uns mit ihrem Wissen helfen können."

Ständig unter Termindruck. Das hastige Essen zwischen zwei Sitzungen ist für Wałęsa zur Gewohnheit geworden

„Was ist denn daran interessant?“ Leszek und Pani Danuta (links) suchen mit der Autorin Dokumentationsmaterial aus

Ob er sich als Arbeitervertreter mit nicht ausreichender Schulbildung im ständigen Widerstreit der Meinungen von Professoren und Doktoren verschiedenster politischer Richtungen nicht manchmal auf verlorenem Posten fühle?

„Ich habe einfach Glück, meistens gelingt es mir, den Faden nicht zu verlieren. Ich bin ein Mensch, der trotz aller Übermüdung unheimlich schnell regenerieren kann. Ich höre mir alles an, was die zu sagen haben. Dann überdenke ich das alles blitzschnell und entscheide genau und schnell. Der liebe Gott hat mir einen Verstand gegeben, mit dem ich rasch denken und genauso rasch entscheiden kann. Vielleicht sind meine eigenen Einfälle nicht immer die besten – aber wenn ich zwei Möglichkeiten vor mir habe, kann ich in Sekunden herausfinden, welche die bessere von ihnen ist."

„Wir können die anstehenden Aufgaben nicht mit neuen Methoden lösen, solange uns nicht die Erfahrungen von gestern vor Augen geführt haben, wie falsch die alten Methoden waren."

Dieses Lenin-Zitat stellt der neue Parteichef Kania einige Tage nach meinem Gespräch mit Wałęsa an den Anfang seiner erbitterten Analyse der gesellschaftlichen Zustände, die für die Arbeiterrevolte in Danzig verantwortlich gewesen sein sollen.

Fernsehen und Rundfunk übertragen Kanias Rede wiederholt. Es erscheinen zu diesem Anlaß in Polen eigens Sonntagszeitungen, die es ansonsten nicht gibt. Vor den Zeitungskiosks bilden sich endlose Schlangen, die Bürger wollen erfahren, in welcher Weise die Partei die Rechnung der Vergangenheit aufmacht und welche neuen Lösungen sie dem Volk anzubieten hat.

Kania beschränkt sich in seiner Rede auf den Hinweis, daß Polen gegenwärtig die Streiks am allerwenigsten zur Überwindung seiner Schwierigkeiten brauchen könne.

Polen, so der neue Parteichef, gehöre fest zum sozialistischen Lager; alle Kräfte, die in diesem Land dagegen ankämpfen wollten, müßten mit dem erbitterten Widerstand der Partei rechnen. Auf das Bekenntnis Stanisław Kanias zur Bündnistreue und zum Sozialismus in Polen folgt eine schonungslose Abrechnung mit den Fehlern der Vergangenheit. Mit Bezeichnungen wie ‚anmaßender Führungsstil', ‚Machenschaften hinter den Kulissen', ‚aufdringliche Propaganda' und ‚aggressive Haltung gegenüber Kritik' werden die Vorwürfe gegenüber der früheren Führung zusammengefaßt.

Kanias Kritik enthält gleichzeitig sein Versprechen, es in Zukunft besser zu machen. Die Existenz der Gewerkschaft ‚Solidarität' scheint bereits erste Wirkungen auf die soziale und politische Lage in Polen auszuüben.

Die Funktionäre der ‚Solidarität' allerdings hören sich das ‚mea culpa' der Parteiführung ungerührt an.

„Wir haben das schon zu oft gehört", ist der Kommentar von Lech Wałęsa in Danzig. „Laßt uns erst einmal abwarten, wie die Praxis aussieht. Im übrigen haben wir hier unsere eigenen Schwierigkeiten, mit denen wir fertig werden müssen."

In der Tat, Schwierigkeiten gibt es in Hülle und Fülle: Kampf mit den alten Gewerkschaften, die sich nicht alle Butter vom Brot nehmen lassen wollen; Auseinandersetzungen um die Registrierung der neuen Vereinigung; und schließlich Funktionäre in Partei und Staatsapparat, die der Auffassung sind, daß man die ‚Solidarität' so schnell wie möglich und sang- und klanglos begraben sollte. Daneben noch die Apparatschiks, die um ihre langjährig ersessenen Privilegien fürchten; und nicht zuletzt gibt es in der neuen Gewerkschaft jene jugendlichen Hitzköpfe, die endlich ans Aufräumen gehen wollen – so schnell und gründlich als möglich.

Machtproben

Ich rechne damit, daß uns unsere politischen Gegner jetzt ernst nehmen werden. Wir wollen nicht um jeden Preis streiken, aber wir können uns auch nicht die Streikwaffe aus der Hand nehmen lassen.

Die Polen sind ratlos. Sie verstehen die Welt nicht mehr. Im Fernsehen werden plötzlich Interviews mit einfachen Arbeitern ausgestrahlt, die in aller Offenheit über ihre Alltagsprobleme reden, so als hätte es in Polen eine Zensur nie gegeben. Der Vertreter der Gewerkschaftsorganisation, an deren Existenz noch vor Wochen niemand so recht glauben mochte, redet nun in öffentlichen Sportstadien vor einem Massenpublikum.

In Tageszeitungen erscheinen Artikel, im Radio werden Reportagen gesendet, in Betriebsschaukästen Fotos gezeigt, deren Veröffentlichung noch bis vor zwei Monaten die Verantwortlichen ihren Arbeitsplatz gekostet hätte. Die ‚Solidarität' ist dabei, sich ihren Platz in der Gesellschaft zu erobern.

Anfangs erscheint die Registrierung der neuen Geschwerkschaft unproblematisch. Wałęsa ist krank und kann es sich erstmals leisten, ein paar Tage mit halber Kraft zu arbeiten. „Ich glaube nicht, daß es viele Probleme geben wird. Aber da mußt du schon die Regierung fragen. Vielleicht lassen sie uns unter Treibhausbedingungen einige Zeit vegetieren. Ob wir Erfolg haben, das wird sich in einem halben Jahr, einem Jahr zeigen." Er lacht: „So eine Treibhausluft wäre für meine Erkältung nicht schlecht. Ich bin müde und habe Halsschmerzen. Meine Stimme klingt wie die von diesem amerikanischen Sänger, diesem Armstrong, oder wie er heißt. Vielleicht etwas dünner, aber genauso rauh."

Ende September berichtet die deutsche Presseagentur aus Warschau:

„Mindestens tausend Menschen bereiteten der Danziger Gewerkschaftsdelegation, die im Warschauer Wojewodschaftsgericht die Registrierung ihres neuen, unabhängigen Gewerkschaftsbundes beantragte, einen triumphalen Empfang. Als der mit Spruchbändern verzierte Bus mit Streikführer Lech Wałęsa und den übrigen rund 35 Delegierten vor dem Gerichtsgebäude vorfuhr, warfen die Menschen Wałęsa Blumensträuße zu. Vor und im Gerichtsgebäude

herrschte ein unbeschreibliches Gedränge. Die meisten Leute hatten schon über eine Stunde gewartet.
Wałęsa, dem zwei kräftige Leibwächter eine Gasse bahnten, hob mit beiden Händen Blumen in den polnischen Nationalfarben hoch, ging über die große Treppe, immer wieder von Beifall begleitet, in den ersten Stock und verschwand hinter der Tür von Saal 203."

Zu dieser Zeit gehören zur ‚Solidarität' bereits über 30 Regionalverbände, zu denen sich Organisationen einzelner Betriebe zusammengeschlossen haben. Doch die Entscheidung über die offizielle Eintragung der ‚Solidarität' in das Vereinsregister wird nicht zu dem von vielen erwarteten Triumph; sie führt statt dessen zu einer neuen Machtprobe zwischen Regierung und Gewerkschaft. In zwei Wochen, so ein Richter, würden die Antragsteller Bescheid erhalten; zu jenem Zeitpunkt betrachteten die Beteiligten die Arbeit des Wojewodschaftsgerichts nur noch als eine Formalität. 14 Tage später werden sie enttäuscht. Wałęsa und seine Gefolgsleute sitzen erneut im Saal 203. Der Vorsitzende Richter verkündet:

„Das Wojewodschaftsgericht von Warschau beschließt wie folgt:
Die unabhängige, selbstverwaltete Gewerkschaft ‚Solidarität' wird registriert." Die nachfolgenden Worte des Richters gehen im allgemeinen Beifall unter; doch gerade sie sind es, die manche Illusionen zerschlagen: „Ich bitte noch einmal um Ruhe und Aufmerksamkeit, zu der uns die Anwesenheit im Gerichtssaal verpflichtet. Ich verstehe Ihre Emotionen, doch bitte nur außerhalb des Gerichtes." Den Zwischenruf einer ‚Solidaritäts'-Mitarbeiterin: „Wir werden schon ruhig sein!" ignoriert der Vorsitzende. Er fährt fort: „Das Gericht hat den Paragraphen 1 des Statuts um folgenden Zusatz erweitert: Die Gewerkschaft beabsichtigt nicht, die Rolle einer politischen Partei anzunehmen. Sie anerkennt das Eigentum aller an den Produktionsmitteln als Grundlage des sozialistischen Gesellschaftssystems in Polen. Sie erkennt die führende Rolle der Vereinigten Polnischen Arbeiterpartei im Staat an und stellt die internationalen Bündnisse der Volksrepublik Polen nicht in Frage."

Eine allgemeine Ernüchterung greift Platz. Leszek schäumt: „Das Gericht hat einseitig Veränderungen in unserem Statut vorgenommen. Den Absatz über das Streikrecht haben sie gestrichen und statt dessen eine Ergänzung hinzugefügt, die den Charakter einer politischen Meinungsäußerung hat. Diese Veränderungen wurden gegen den Willen der von uns bevollmächtigten Vertreter vorgenommen. Die ge-

„Ich war in dieser Nacht total erschöpft . . .“

„. . . aber ich wußte, daß ich sie überzeugen mußte.“
Huta Warszawa

richtliche Änderung unseres Statuts ist eine einseitige Verletzung unserer Vereinbarungen von Danzig; sie erschwert in höchstem Maß den Dialog mit dem Volk."
„Und nun?", frage ich.
„Was meinst du damit? Wir werden uns das nicht gefallen lassen. Wir gehen davon aus, daß es unsere Gewerkschaft gibt, daß sie eine juristische Person ist, egal, was die Richter sagen. Wenn die den Krach provozieren wollen, werden wir uns wehren. Für die daraus entstehenden innenpolitischen Spannungen ist die Regierung verantwortlich."
Auf eben diesen Punkt werden sich in den nächsten Wochen die Auseinandersetzungen zwischen Regierung und ‚Solidarität' zuspitzen, auf Fragen wie: wer Schuld daran sei, daß die Verhandlungen über eine offizielle Eintragung nicht vorankämen; wer für die Warnstreiks verantwortlich sei; ob die Verhaftung von ‚Solidaritäts'-Mitarbeitern eine Provokation oder eine rechtmäßige polizeiliche Maßnahme darstelle. Beide Seiten werden sich gegenseitig einer Verschärfung der Lage bezichtigen, beide Seiten werden sich ihre besten Absichten bescheinigen. Offenbar gibt es hier wie dort Kräfte, für die die Vereinbarungen von Danzig der Anfang vom Ende eines sozialistischen Polen sind und die deshalb versuchen, die Zusammenarbeit zwischen Regierung und ‚Solidarität' mit allen Mitteln zu torpedieren. Wałęsas Linie für die kommenden Auseinandersetzungen ist klar: Er will in jedem Fall verhindern, daß auch nur ein Schritt zum Abbau der ‚Solidarität' ungestraft erfolgen kann.
Leszek, der inzwischen wie der ‚Fliegende Holländer' das ganze Land durchquert, wird nicht müde, zu wiederholen:
„Die Forderungen der Richter haben weder etwas mit Rechtsprechung noch Gerechtigkeit zu tun. Es geht hier um Politik. Sie wollen die Freiheit der Gewerkschaft unterdrücken. Das heißt für uns, daß das Gericht weder Autorität noch Unabhängigkeit besitzt. Eine solche Einmischung werden wir nicht dulden. Wir wollen in unseren Angelegenheiten selbst entscheiden. Das haben wir immer gesagt, danach werden wir jetzt handeln."
Wałęsa in Krakau:
„In dieser Stadt schwöre ich, daß ich alles tun werde, wozu ihr mich verpflichtet habt, und daß ich nie unsere gemeinsame Sache vernachlässigen werde. Wir müssen aber berücksichtigen, daß wir uns an eine bestimmte Ordnung zu halten haben, um alles durchsetzen zu können.

Der Feuerwehrmann der Regierung

Wir müssen beweisen, daß wir unsere Versammlungen und Demonstrationen in Ruhe durchführen und danach wieder friedlich nach Hause gehen. An das alles müssen wir denken, wenn wir etwas erreichen wollen!"

Und in Nowy Targ:

„Sie alle wissen, daß unser Gewerkschaftsbund in Warschau noch nicht registriert wurde. Das Gericht hat zehn Einwendungen, von denen allerdings keine einzige zu Recht besteht. Wir erkennen diese Einwände nicht an; wir glauben, davon etwas mehr als die Richter zu verstehen. Wir werden auf die Entscheidung des Gerichts nicht warten, wir werden mit unseren Wahlen anfangen, an unseren Programmen weiterarbeiten, auch wenn die offizielle Zulassung nicht erfolgen sollte. Freunde aus dem Ausland haben uns Druckmaschinen geschickt. Falls jemand von euch Einfluß hat, so soll er bitte dafür sorgen, daß wir diese Maschinen auch zugestellt bekommen. Sie gehören uns allen, und wenn sie zurückgehalten werden, werden wir uns eben selbst auf dem Flughafen darum bemühen müssen, sie herauszuholen."

Wałęsa macht darüber hinaus auf dieser Reise der Parteiführung deutlich, daß sich die Front gegen sie verstärkt hat durch ihre Anweisung an das Gericht, dem Antrag auf Registrierung nicht unverzüglich stattzugeben.

„Wir fordern einen Rechtsstaat. Die Gerichtsentscheidung, die ‚Solidarität' als eine juristische Person nicht anzuerkennen, macht uns auf Rechtsbrüche in unserer Gesellschaft aufmerksam. Sie macht auch unseren Kampf um die Unabhängigkeit unserer Rechtsprechung zu unserer ureigenen Angelegenheit."

„Du bist jetzt ein mächtiger Mann", sage ich zu Leszek. „Hast du nicht manchmal Angst vor dir selbst?"

„Ich habe keine Angst, ich hab' noch nie Angst gehabt. Ich habe nur Mißtrauen gegenüber Politikern, die zu lange im Amt sind. Ab und zu müssen junge Leute ran; mit neuen Lösungen für alte Probleme, ohne den Ballast langjähriger Arbeit in Apparaten. Ich werde hier auch allmählich überfällig. Ich bin schon zu lange auf diesem Posten. Es wird Zeit, daß ich mich zum Nachdenken zurückziehe. Nur kann ich das nicht machen, solange unsere Forderungen noch nicht erfüllt sind." Leszek hat in meinen Augen ein geradezu unheimliches Talent, von den tagespolitischen Problemen abzulenken. Ich befrage ihn über den Warnstreik, den die ‚Solidarität' für die nächste Woche geplant hat; auch darüber, wie eine Institution, die jede Entscheidung der politischen Führung mittels Streik blockieren könne, in das kommunistische System hineinpasse.

„Was geht mich das System an? Nicht wir müssen uns anpassen, sondern die politische Führung muß sich ausdenken, wie sie uns in ihr Weltbild einbaut. Schließlich sind wir die Arbeiterklasse, um deren Interessen es hier geht. Die Leute, die uns führen und regieren, sollen gefälligst auf unserer Seite stehen."

Im Grunde seines Herzens hat Leszek nichts gegen den Sozialismus einzuwenden. Lediglich ein sozialistisches System, in dem diejenigen, die gerade an der Macht sind, ihre Schäfchen ins Trockene bringen, paßt ihm nicht.

„Man sollte alles nicht übers Knie brechen. Niemand kann sich von heute auf morgen umstellen. Die Leute da oben sind nicht meine Feinde, das sind kluge, begabte Männer. Die meisten von ihnen haben beste Absichten. Aber einige sind Diebe, die sich bereichern wollen, solange es geht. Die muß man in die Wüste schicken. Die meisten Wojewoden und Sekretäre brauchen nichts als Kontrollen. Das sind prima Kerle, ich habe schließlich mit vielen von ihnen geredet. Sie haben gelernt, Probleme anzupacken und wollen für Polen nur das Beste. Aber man muß ihnen auf die Finger sehen. Macht ohne Kontrolle produziert schlechte Menschen. Anziehen, nachgeben; anziehen, nachgeben, das ist meine ganze Redekunst."

Die Auseinandersetzungen über die Registrierung der Gewerkschaft ‚Solidarität' gehen schließlich zu Ende, ohne daß es zu den befürchteten Konfrontationen beider Seiten kommt. Man hat sich geeinigt: Die Gewerkschaft wird in einem Anhang des Statuts ein Treuebekenntnis zum sozialistischen Polen ablegen, dann soll die offizielle Zulassung unter Beibehaltung des ursprünglichen Statuts erfolgen.

Ein Aufatmen geht durch Polen und das westliche Europa. Der zusätzliche Konflikt ist beigelegt.

„Wir sind jetzt ein gesellschaftlich anerkanntes Kontrollorgan", erklärt Lech Wałęsa in Danzig. Mit diesem Selbstverständnis reiht er sich genau in die historische Linie der Arbeiterbewegung ein; ein Faktum, dessen sich die Warschauer Führung bewußt ist. Dennoch ist man innerhalb der Partei- und Funktionsärszirkel nicht bereit dazu, Macht zu teilen. So ist die nächste Auseinandersetzung vorprogrammiert.

Zwei Warschauer Mitarbeiter der ‚Solidarität' werden verhaftet. Sie sollen angeblich Staatsgeheimnisse verraten haben. Selbst wenn das zuträfe, so kann es sich die Gewerkschaft augenblicklich nicht leisten, ohne aufzumucken vor der Parteiführung zurückzuweichen. In der Region Warschau wird gestreikt und Wałęsa von der Regierung eingeflogen, um den Konflikt beizulegen. Er weiß, daß sein Auftreten vor den Arbeitern in der Warschauer Edelstahlhütte „Huta Warszawa" einem Drahtseilakt gleicht. Er redet und redet – die ganze Nacht über und – er gewinnt. Als die zwei Mitarbeiter gegen Morgen freigelassen werden, nehmen die Arbeiter von weiteren Kampfmaßnahmen Abstand. Später sickert durch, Polen habe in dieser Nacht an einem Abgrund gestanden. Das Politbüro habe erwogen, den Ausnahmezustand über das Land zu verhängen. Mit einer Stimme Mehrheit soll dagegen entschieden worden sein.

Eine Woche danach treffe ich wieder mit Leszek zusammen. Das Gedicht vom Zauberlehrling geht mir durch den Kopf. Wie lange glaubt Wałęsa daran, die Geister, die er rief, noch bändigen zu können? Er fährt in ein Streikzentrum, redet mit den Streikenden, läßt einige bissige Bemerkungen fallen, erzählt daneben Witze und Anekdoten – und schon herrscht wieder Ruhe. Wie geht er vor?

„Wenn du jemanden gewinnen willst, der ganz anderer Meinung ist als du, dann kannst du nur langsam, Schritt für Schritt, vorangehen."

Leszek ist ein psychologisches Naturtalent. Niemand hat ihn je darin geschult, wie man etwa die Gedankenführung einzelner im Laufe von Verhandlungen erkennen und rasch nachvollziehen kann, wie bestimmte Argumentationsabfolgen zustandekommen. Doch wie elegant er bereits in Danzig mit der Regierungskommission umgegangen ist, so geschickt erweist er sich auch in Gesprächen mit den Streikkomitees in Warschau und in den Randgebieten.

„Dein Gesprächspartner hat Hemmungen, Eigensinnigkeiten und Vorstellungen, die du nicht kennst. Das alles hält ihn davon ab, deinen Standpunkt nachzuvollziehen. Aber das darfst du ihm nicht sagen, er glaubt dir ja doch nicht. Du mußt ihm erst mal recht geben, immer wieder recht geben, und dann auf seine Reaktion warten. Vielleicht wird er nachgiebig, das ist eine Sache des Gefühls. Gefühl braucht man dazu unbedingt, man muß sich in Menschen hineinversetzen können und sich auch der Situation anpassen können. Ich kann das alles, ich fühle, wie der andere denkt, und danach handle ich. Wie mir das gelingt, weiß ich selbst nicht. Vielleicht, weil ich 21 Jahre mit diesen Leuten zusammengearbeitet habe. Ich weiß, was sie denken und fühlen, ich bin schließlich einer von ihnen. Was ich in der Huta

Warszawa geliefert habe, war ein Meisterstück. Selbst die Mitglieder des Zentralkomitees haben das Tonband unserer Verhandlungen dreimal angehört und dann behauptet, ich sei ein Phänomen. Das hilft mir und ich glaube, ich weiß jetzt, was das ist. Kein lieber Gott und keine Partei, viel einfacher: ich kalkuliere nie, ich lüge nie. Nie weiß ich vorher, wie eine Verhandlung ablaufen muß. Schon auf der Werft war das so. Ich mache nichts mit Gewalt, ich rede ruhig und langsam, sehr langsam. Nach den Verhandlungen in der Warschauer Hütte war ich völlig fertig. Hätten sie noch eine Stunde länger gedauert, ich hätte aufgegeben. Ich bin vor Müdigkeit fast umgefallen. Die Experten riefen: „Was, um Himmelswillen, macht er da?" Das Streikkomitee war gereizt, ich wußte aber, ich mußte es schaffen. Und ich habe es geschafft."

Die Partei bedient sich mittlerweile der Talente Wałęsas. Die führenden Funktionäre wollen in Polen einen Zustand sichern, der es erlaubt, daß man nicht jederzeit auf brüderliche Unterstützung durch das Nachbarland gefaßt sein muß. Die Versuchung zu einem solchen Eingreifen ist bei den Nachbarn Polens durchaus latent vorhanden, sind doch im sozialistischen Lager außerhalb der polnischen Grenze die Auswirkungen der Emanzipation an der Weichsel mehr als spürbar. Wer mit einem polnischen Nummernschild am Wagen die Grenze zur Deutschen Demokratischen Republik passiert, bekommt sofort die Abneigung der Brüder und Schwestern zu spüren. Die uniformierten Damen sind dabei schwerer als ihre männlichen Kollegen zu ertragen. Manchmal habe ich den Eindruck, daß ich bereits aufgrund der Sprachzugehörigkeit als gefährlich angesehen werde. So wird mein Auto bis zum letzten Ersatzreifen auseinandergenommen. Mit allen ihnen zur Verfügung stehenden Mitteln wollen sie verhindern, daß das gefährliche Gedankengut der ‚Solidarität' über die Freundschaftsgrenzen hinausgelangt. Diese Grenze ist seit einigen Tagen für den innersozialistischen Tourismus geschlossen.

Mit aller Gewalt will man verhindern, daß der polnische Virus auch auf das Territorium der DDR übergreift. Dabei scheinen es die Staaten des Warschauer Paktes vorzuziehen, daß die Polen in ihrem eigenen Land Ordnung schaffen und keine brüderliche Hilfe von außen benötigen.

Das einzige Problem hierbei ist: was die Mehrheit Polens unter „Ordnung schaffen" versteht, weicht entschieden von Ostberliner, Prager oder Moskauer Vorstellungen ab. „Ich habe nur einmal gesagt", so erklärt Wałęsa, „daß wir zunächst und vor allem Polen sind und erst

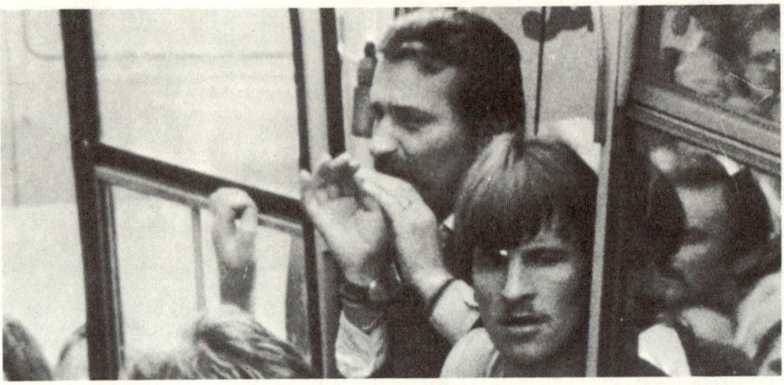

Oben: „. . . aber vorwärts." Antrag auf Registrierung in Warschau
Mitte: Triumphaler Empfang in der Hauptstadt
Unten: Mit Beratern auf dem Weg zu ersten Gesprächen mit der Warschauer Regierung

in zweiter Linie Mitglieder der Gewerkschaft ‚Solidarität'. Unser ganzes Volk wird daran mitwirken, uns aus der Krise herauszuholen. Wir werden unser Land doch nicht einfach kaputtmachen. Wir schaffen hier bei uns zu Hause das bißchen Ordnung, das wir brauchen. Unser Vorgehen richtet sich nicht gegen unsere Verbündeten. Wir wollen uns niemanden zum Feind machen, wir wollen nur Frieden im eigenen Haus haben. Dabei sind wir auch der Meinung, daß sich mancher außerhalb unseres Landes ein Beispiel an uns nehmen könnte."

Unter ‚Ordnung machen' verstehen die Polen letztlich dreierlei: die Wirtschaft muß reformiert werden und wieder zu den Grundsätzen der Effizienz und Produktivität zurückfinden. Die Polen müssen durch eigene Arbeit genügend Waren produzieren, um ihre Versorgung sichern zu können, gleichzeitig aber auch genügend produzieren, um die Zinsen für ausländische Kredite zurückzahlen zu können. Die neuen Gewerkschaften sollten überdies ihren Platz im System der Volksrepublik finden, ohne dabei nach der Auffassung orthodoxer Kommunisten eine permanente Bedrohung für die Herrschaft der Partei darzustellen.

Und schließlich sollte die Aufbruchsstimmung, die das ganze Land, von Schriftstellern über Wirtschaftsfunktionäre bis hin zu den Pfadfinderfunktionären erfaßt hat, derart unter Kontrolle gebracht werden, daß neue soziale Unruhen ausgeschlossen bleiben. Es gelte nunmehr, so ein hoher Parteifunktionär, das Erreichte zu bewahren, ohne die Grenzen des politisch Möglichen zu überschreiten.

Mit den Worten Leszeks heißt das: „Es geht nicht ums Geld, es geht ums Herz; wir wissen alle, in welcher Lage wir uns befinden. Macht Platz für den Willen des Volkes! Ich bin sicher, daß die Bewegung, die wir ins Leben gerufen haben, nicht mehr zu stoppen ist. Es gibt Kräfte, die uns hemmen wollen. Aber sie sollen wissen: Man kann unsere Erfolge hinauszögern und die Kosten erhöhen, man kann uns Hindernisse in den Weg legen, aber aufhalten kann man uns nicht."

Die wirtschaftliche Situation in Polen ist nicht weit von einer Katastrophe entfernt. Alle Vorräte sind aufgebraucht. Schlechtes Wetter und eine noch schlechtere Politik haben erneut zur Mißernte geführt. Die durch den Streik verursachten Kosten können nicht mehr eingeholt werden. Die Belegschaften wissen nicht, wie es weitergehen soll. Die Bezahlung der Auslandsschulden stockt, weil es mit dem Export nicht mehr vorangeht. 70 Milliarden Złoty beträgt die Differenz zwischen dem Warenangebot auf dem Markt und der umlaufenden Geldmenge. Es sind 15% weniger Lebensmittel vorhanden als dringend benötigt werden. Förderung und Transport von Kohle aus dem oberschlesischen Industrierevier sind beinahe zusammengebrochen. Es fehlen Energie, technische Geräte, Ersatzteile, Wohnungen, Wolle, Kartoffeln, Zucker, Fleisch und Fett. Angesichts dieser Lage erscheint das, was die Arbeiter mit ihrem Streik wirtschaftlich erreicht haben, nur als ein vordergründiger Erfolg. In Wirklichkeit handelt es sich um einen Riesenschritt in die falsche Richtung. Mit diesen Wirtschaftsproblemen jedoch will Leszek sich nicht belasten. Er ist mehr um die Zukunft seiner Bewegung besorgt.

„Wir werden hier in Danzig eine Druckerei bauen", verkündet er optimistisch. „Wir werden ein großes Gewerkschaftszentrum errichten; wenn die ‚Solidarität' einmal steht, ist das Hotel Morski viel zu klein. Wir bleiben hier, in Warschau ist es für uns zu gefühhrlich. Dort gibt es zu viele Ministerien, zu viele Schlauköpfe und zu viele Besserwisser. Wahrscheinlich gibt es bei dieser Entscheidung Ärger mit den Regionalverbänden der ‚Solidarität'. Wir waren hier in Danzig zu erfolgreich. Man darf nicht zeigen, daß man schneller oder klüger ist als andere Leute. Dann werden plötzlich aus den Zwergen, die sich immer geduckt haben, Riesen, die schon immer alles besser gewußt haben."

Das Denkmal

Dieses Mahnmal soll hier stehen und uns immer daran erinnern, wie Polen nicht mit Polen umgehen dürfen.

Am 16. Dezember 1980 begeht Leszek allen Skeptikern zum Trotz in Danzig seinen Feiertag. Mindestens eine Viertelmillion Menschen sind in die Stadt gekommen, mehr Miliz als gewöhnlich fährt Patrouille, am Bahnhof hat eine Armeeinheit Aufstellung genommen.

In den vergangenen Wochen haben sich die Arbeiter der Lenin-Werft eine ihrer 21 Forderungen selbst erfüllt. In Feierabendschichten haben sie ein Mahnmal errichtet, das an die Katastrophe von 1970 erinnern soll. Es ist 42 Meter hoch, drei Kreuze aus Beton und drei Anker fallen als erstes ins Auge. Auf verschiedenen Reliefs am Sockel sind Szenen aus dem Leben der Werftarbeiter dargestellt. In voller Lebensgröße ist eine Gruppe von Personen zu sehen, die mit erhobenen Händen ein großes Transparent mit der Aufschrift „Solidarność" trägt.

Zwar nicht als Inbegriff eines sozialistischen Realismus, aber doch pompös, eindrucksvoll und in seiner Aussage unmittelbar für jeden verständlich – so stellt sich mir das Denkmal dar. Drei Bildhauer haben es in gemeinsamer Arbeit entworfen. Sie erläutern seine Symbolik folgendermaßen:

„Die drei Kreuze, die durch Querbalken miteinander verbunden sind, stellen jene drei Werftarbeiter dar, die im Dezember 1970 vor dem Tor 2 als erste den Unruhen zum Opfer fielen. Die drei Anker stehen für die drei Jahre: 1956, 1970 und 1976, die Jahre einer gekreuzigten Hoffnung. Das ewige Feuer, am Fuß des Denkmals, symbolisiert unser Leben; und die Figuren an den Reliefs sollen darauf hinweisen, daß sich durch die Gemeinsamkeit von Werftarbeitern und „Solidarität" der Kreis aller Hoffnungen geschlossen hat."

Es wurden weder Kosten noch Mühe beim Bau des Denkmals, um das lange gekämpft worden war, gescheut. Man verarbeitete Beton, Chromnickelstahl, Messing und Bronze, Materialien, die, wenn überhaupt vorhanden, in diesem Land sehr teuer sind. Das Mahnmal steht für alle sichtbar an der Zufahrtsstraße zum Tor 2, an der Stelle, wo während des Streiks ein schlichtes Holzkreuz aufgestellt war. Inzwischen gibt es hier einen großen betonierten Platz, das Werftgitter wurde durch eine Gedenkmauer ersetzt. Auch sie ist ein Teil des

Monuments. Hier sind die Namen der Opfer eingraviert, insgesamt von 28 Werftarbeitern; eine Zahl, die alle offiziellen Schätzungen noch unterschreitet. „Sie gaben ihr Leben, damit Du würdiger leben kannst“, so liest man über der Aufreihung der Namen; und darüber eine Ermahnung des Papstes Johannes Paul II.: „Es soll Dein Geist hinuntersteigen und das Antlitz dieser Welt erneuern.“ Noch im September war der Platz eine einzige riesige Baugrube. Geplant war ursprünglich, ein Einkaufszentrum für die Beschäftigten der Werft zu errichten. Als die Arbeiter Anfang Oktober das Gelände zugesprochen bekamen, blieben ihnen nur noch knapp zwei Monate, um das Monument zu bauen. Was in Polen unter normalen Umständen undenkbar ist: hier wurde es geschafft.

„Ein beispielloses Unternehmen“, so schrieben die polnischen Zeitungen; „Hunderte von Menschen, ganze Werftabteilungen haben Tag und Nacht gearbeitet. Die Fertigstellung des Denkmals wurde in den Sollplan der Lenin-Werft aufgenommen. Es gab keine Abweichungen, keine Verzögerungen, in unserem Land wahrhaft etwas Einmaliges.“

Die Feierlichkeiten wurden tagelang bis ins einzelne vorbereitet. Polen hatte für die Arbeiter alle bedeutenden Köpfe des Landes aufgeboten. Die Regie der Einweihungszeremonie übernahm Andrzej Wajda, die Musik zu diesem Ereignis komponierte Krzysztof Penderecki. Czesław Miłosz, der polnische Literaturnobelpreisträger des Jahres 1980, war um einen Gedenkvers gebeten worden. Er hatte jedoch abgelehnt mit der Begründung, er habe die Ereignisse nicht aus der Nähe miterleben können, da er seit 1953 nicht mehr in Polen lebe. Dennoch widmete er dem Denkmal der Arbeiter einen Psalm: „Der Herr gibt seinem Volk Stärke, der Herr gibt seinem Volk die Gnade des Friedens.“

Mit Blumen über Blumen und Kränzen über Kränzen werden die Feierlichkeiten gegen Abend eröffnet. Wajda hat das Denkmal mit Flakscheinwerfern der polnischen Armee kunstvoll ausleuchten lassen. Den traditionellen soldatischen Appell läßt er von einem der bekanntesten polnischen Schauspieler, einem Liebling des Kinopublikums, sprechen. Die Opfer von 1970 werden namentlich aufgerufen, worauf ein Chor jeweils antwortet: ‚Er ist unter uns.‘

Eine Ehrenkompanie ist angetreten; für mehr als 300 Vertreter der ausländischen Presse wurde eigens eine Tribüne errichtet. Repräsentanten von Staat, Kirche und Gewerkschaft stehen Seite an Seite; auch die Angehörigen der Toten einzuladen, wurde nicht versäumt.

Denkmal für die Opfer von 1970. „. . . der Herr gibt seinem Volk den Segen des Friedens.“

„Sie sollen sich daran erinnern können, was damals geschah.“ Mit Sławek und Magda am Denkmal

Alle zeigen ernste und bewegte Mienen, nicht nur Staatspräsident Henryk Jabloński, der Erzbischof von Krakau und Lech Wałęsa. Der Streikführer, der für dieses Denkmal gekämpft hat, soll die Festrede halten. Angesichts der Bedeutung dieses Ereignisses haben kluge und kenntnisreiche Organisatoren genauestens festgelegt, an welcher Stelle er zu stehen, mit wievielen Schritten er zur symbolischen Flamme zu gehen, wie er sie anzuzünden, sich umzudrehen, zu reden und – vor allen Dingen – was er zu reden habe.

Für Leszek gibt es nichts Schlimmeres, als einen geschriebenen Text abzulesen – noch dazu, wenn er nicht von ihm stammt. Zwar hat er vor Beginn der Veranstaltung die Journalisten aus aller Welt unbeirrt wissen lassen: Es gibt keine vorbereitete Rede. Doch ein Vertreter des polnischen Episkopats ist ihm in den Rücken gefallen und hat den Wortlaut der Ansprache vorab an die Presse verteilt. Vermutlich konnte der Prälat mit seinem Stolz über sein eigenes literarisches Talent nicht zurückhalten.

So stottert Leszek vor den Teilnehmern der Veranstaltung einen schwer erträglichen papierenen Text herunter. Der Meister der freien Rede, der aus dem Stegreif mühelos Tausende zu faszinieren vermag, wirkt plötzlich auf mich wie ein Schuljunge, der seine Hausaufgaben nicht gemacht hat.

Doch die allgemeine Bewegung, die die Menschen auf dem Platz vor der Lenin-Werft ergreift, ist so groß, daß sie selbst durch eine unvollkommene Ansprache nicht aufgehalten werden kann.

„Der heutige Tag soll ein Tag des Schweigens und der Besinnung sein", so beginnt Wałęsa. „Dieses Denkmal soll für uns Frage und Antwort zugleich sein. Es soll uns an alles erinnern, was wir nicht vergessen dürfen. Der Bedeutendste aller Polen, Papst Johannes Paul II., schreibt an uns: ‚Ich möchte in der Situation, in der sich unser Heimatland derzeit befindet, allen den Ausdruck meiner besonderen Solidarität übermitteln. Ich wünsche allen Menschen, die guten Willens sind, Frieden.' Und wir verdienen Frieden, denn wir sind guten Willens. Denken wir auch an die Worte von Ciesław Miłosz (. . .) und an die Worte, die heute bei der Einweihung des Denkmals verlesen wurden: Für die Gefallenen als Zeichen ewigen Gedächtnisses; für die Regierenden als Warnung, daß nie wieder ein Konflikt zwischen Polen gewaltsam gelöst werde; für die Bürger als Zeichen dessen, daß auch das Böse besiegt werden kann.

Der Bau dieses Denkmals war unsere Pflicht. Wir Überlebenden sind

dies den Nachkommen der Toten schuldig; es soll von der Vergangenheit zeugen und ein Wegweiser für die Zukunft sein.
Das Denkmal soll uns alle an die Würde des Menschen erinnern, an unser Recht auf Ordnung und Gerechtigkeit. Es soll uns immer ein Mahnmal, sein, daß die, für die wir es bauten, nicht vergebens gestorben sind. Vor einem Jahr habe ich gesagt, wir würden die Steine zum Bau des Denkmals notfalls in unseren Taschen hierhin tragen. Jetzt denke ich an die unzähligen Hänge, die mit Kränen, Schweißgeräten und anderen technischen Apparaten den Bau möglich gemacht haben. Ich danke ihnen für ihre Anstrengungen, durch die sie in so kurzer Zeit dieses prächtige Monument geschaffen haben. Ich danke den Künstlern für ihr Werk; mit besonderer Freude habe ich gesehen, daß sich in diesem Denkmal die ‚Solidarność' mit dem Denken und Fühlen unserer Heimat, mit der ganzen Volksrepublik Polen, verbindet.
Ich erlaube mir, einige Worte des polnischen Episkopats zu zitieren. Sie sind ein Ausdruck der großen Sorge um die Zukunft unseres Landes: ‚Man darf nichts unternehmen, was für unser Vaterland die Gefahr einer Bedrohung von Freiheit und staatlicher Souveränität heraufbeschwören könnte. Die Bemühungen aller Polen müssen sich darauf konzentrieren, den eingeleiteten Erneuerungsprozeß zu stärken und den Gesellschaftsvertrag zwischen Regierung und Volk mitverwirklichen zu helfen.' Ich zitiere weiter: ‚Wir müssen in dem Bewußtsein leben, daß es sinnvoll ist, uns für ein besseres Morgen und für ein freies Vaterland einzusetzen. Wir müssen Sorge dafür tragen, daß alle Versuche, unseren nationalen Erneuerungsprozeß zu behindern oder die gegenwärtigen Schwierigkeiten in unserer Nation für fremde Zwecke zu nützen, im Keim erstickt werden. Unser Land braucht vor allem innere Ruhe, damit wir an ihm aus dem Gefühl des gegenseitigen Vertrauens weiterbauen können. Darum fordere ich euch hier an diesem Ort im Namen von Patriotismus, Gerechtigkeit und Frieden auf: ihr Polen, alle, die ihr hier anwesend seid, und alle, die guten Willens sind: denkt an eure Verantwortung für das Schicksal unseres Vaterlands! Haltet Ruhe und Ordnung! Achtet die Gesetze und bewahrt eure Würde! Seid umsichtig und wachsam in der Sorge um unser Vaterland! Bleibt wachsam, um seine Sicherheit und Unabhängigkeit zu schützen! Vergeßt nicht, daß dies unser Haus ist, und daß dieses Haus Polen

heißt! Ein Haus, in dem immer mehr Menschen in Gerechtigkeit, Freiheit, Frieden, Liebe und Solidarität wohnen sollen!'"
Kränze werden niedergelegt, im Anschluß an die Feierlichkeiten findet eine Heilige Messe statt. Das polnische Fernsehen überträgt die Veranstaltung in ihrer ganzen Länge, mit Ausnahme des Gottesdienstes. Er stellt für die Propagandaabteilung des ZK immer noch eine Grenze dar. Doch daß der Staatspräsident bis zum Ende anwesend ist, sorgt hinreichend für Sensation. Für jedermann wird deutlich, daß die drei wichtigsten gesellschaftlichen Kräfte Polens – Partei, Kirche und ‚Solidarität' – hier in Danzig ihr großes Versöhnungsfest gefeiert haben.
Am nächsten Morgen kann das Mahnmal auch von der Bevölkerung besichtigt werden. Stolz und glücklich stehen die Danziger Bürger vor dem ersten, mit Händen zu greifenden Erfolg der Streikbewegung.
Stolz und glücklich sind alle. Nur einer nicht.
„Wie fandest du meine Rede gestern?"
Ich enttäusche Leszek, indem ich ihm meine Meinung über seinen Auftritt offen mitteile. Er ist zwar auch nicht zufrieden, „aber die ‚Solidarität' ist damit gesellschaftsfähig geworden."
Seit der Einweihungsfeier für das Danziger Denkmal gehört Lech Wałęsa zu den etablierten Politikern der Volksrepublik Polen.

„Wie ein Sohn zu seinem Vater." Bei Papst Johannes Paul II

Wałęsa beim Papst

Wenn das wahr wird, habe ich wirklich gewonnen.

Beinahe wäre die Reise nicht zustandegekommen. Zu angespannt erschien einigen Präsidiumsmitgliedern der ‚Solidarität' die Lage in Polen. Warnstreiks, Krach um den freien Samstag, Rathausbesetzungen, Räumungsaktion der Miliz gegen streikende Bauern – so sah die politische Szene aus, als Wałęsa mit seiner Delegation zum Papst aufbricht. Bis zuletzt wußte er selber nicht, ob er nun fahren würde.

Ich treffe ihn am Abend vor seiner Abreise in einem Warschauer Hotel. „Ich bin nicht unersetzbar, es gibt sehr viele Menschen, die klüger sind als ich. Das ist nicht der Grund, weshalb ich zögere.

Aber erstens mußten wir die Kinder allein zu Hause lassen, und zweitens gibt es augenblicklich neue organisatorische Probleme. Die Diskussion ist darüber stecken geblieben, wir haben zu viele Mitglieder, die nichts verstehen, aber trotzdem mitreden wollen. Es ist schon fast eine neue Bewegung, die Bewegung der Hitzköpfe. Die müßte man sich erst einmal alle schnappen und ihren Kopf unter kaltes Wasser halten. Darum ist dieser Termin für den Papstbesuch nicht so günstig. Er ist mir etwas zu früh."

Dennoch fliegt er; einmal in der Luft kann er nicht mehr zurück, selbst wenn unten in Polen plötzlich die Hölle losbräche.

Auf Leszek scheint diese Vorstellung entspannend zu wirken. Er hat sich in der vordersten, der Ehrensitzreihe der russischen Iljuschin, breitgemacht, fuchtelt mit seiner Pfeife, die er sich angeschafft hat, herum, weil er so hofft, weniger zu rauchen. Das ist zwar, wie bei allen Zigarettenrauchern, die auf Pfeife umsatteln, um den Tabakkonsum zu drücken, ein Trugschluß. Aber die Pfeife ist wenigstens etwas Vertrautes, etwas, woran man sich in der Fremde festhalten kann. Denn so sicher er auch sonst in Gesprächen mit der Regierung, in Verhandlungen mit den Führern wilder Streiks in der Provinz oder bei Sitzungen des Solidaritätspräsidiums wirkt – hier im Flugzeug, auf dem Weg ins Ausland, wirkt er nicht sonderlich selbstsicher. Vielleicht ist es die ungewohnte Umgebung, vielleicht die Vorfreude, vielleicht aber auch einfach nur Flugangst.

Da hilft es, daß Pani Danuta neben ihm sitzt und Tadeusz Mazowiecki, der Chefredakteur der ‚Solidarität' und selbst Journalist. Er schirmt ihn ein wenig gegenüber den Reportern ab, die sich im engen Flugzeuggang gegenseitig wegdrängen, weil sie ein Wort zu erhaschen hoffen oder ein Bild des kleinen Vorsitzenden, wie er seine Pfeife neu stopft.

Politisch ist die Reise sorgfältig geplant und nach allen Seiten abgesichert. Offiziell reisen Wałęsa und seine Delegation als Gäste des italienischen Gewerkschaftsverbandes, dessen Mitglieder in der Mehrheit Kommunisten sind oder doch der kommunistischen Partei nahestehen. Über einen derartigen Besuch von Gewerkschaft zu Gewerkschaft kann sich kein Parteichef im sozialistischen Lager aufregen. In Wirklichkeit jedoch, und Leszek versäumt keine Gelegenheit, das offen auszusprechen, pilgert der Chef der unabhängigen polnischen Gewerkschaft zum Papst.

„Ich gehe wie ein Sohn zu seinem Vater", sagt er. „Ich gehe zu ihm, weil ich Rat brauche und denke, daß der Heilige Vater mir mehr guten Rat geben kann als irgendjemand sonst auf der Welt. Natürlich wollen wir auch von unseren italienischen Kollegen lernen. Die haben ja schließlich viel Erfahrung. Aber in erster Linie bin ich ein Pilger."

Beinahe hätte es innerhalb der Pilgergruppe in letzter Minute doch noch einen Streit gegeben. Was sollte man dem Landsmann auf dem Stuhl St. Peters als Gastgeschenk mitbringen?

Einen Leuchter? Das wäre zu billig.

Ein Wappen von Danzig, in Messing geprägt?

„Solche Sachen hat er doch aus Gold mehr als genug in seinem Vatikan", befand Leszek. „Es muß etwas Neues sein, etwas Einfaches, etwas Ungewöhnliches und vor allem etwas Polnisches."

„Warum bringt ihr ihm nicht ein Modell des Denkmals mit?" hatte ich gefragt und mich am Morgen auf dem Warschauer Flughafen kindlich gefreut, als die Zöllner eine Holzkiste aus dem Delegationsgepäck öffnen ließen und daraus tatsächlich ein vierzig Zentimeter hohes Modell der drei Kreuze und drei Anker zum Vorschein kam, die vor dem Tor der Lenin-Werft stehen.

Auf dem römischen Flughafen Fiumicino werden die Polen von einem Knäuel von Presseleuten begrüßt, in dem die Vertreter der Gastgeber, des italienischen Gewerkschaftsverbandes mit der Endlosabkürzung ‚CGIL-CISL-UIL' fast völlig untergehen. Selbst die Vertreter des Vatikans haben Schwierigkeiten, den Gast auf sich aufmerksam zu machen.

Kirche und Gewerkschaft waren nach einigem Tauziehen überein-

gekommen, daß die Vertreter der ‚Solidarität' in den ersten Tagen als Gäste des Vatikans im Pilgerheim wohnen sollten.
Erst anschließend sollten sie in ein weltliches Hotel umziehen und ihre Gespräche mit den Gewerkschaftsleuten aufnehmen. Einzelheiten des Streits, wessen Gäste Wałęsa und die Seinen denn nun eigentlich seien, machten schnell die Runde im Journalistentroß.
„Das ist doch hier kein Kirchenfestival auf Gewerkschaftskosten," schimpft ein italienischer Funktionär. Angeblich soll die Vatikanverwaltung bei der Gewerkschaft angefragt haben, wohin man die Rechnung für den Aufenthalt im Pilgerheim schicken soll.
Bevor es allerdings überhaupt zu irgendwelchen Begegnungen kommt, macht die Delegation erst mal einen Ausflug. Leszek hat den Wunsch geäußert, das Erdbebengebiet in Mittelitalien besuchen zu dürfen. Und er hat einen Punkt auf seiner Besuchsliste, der für jeden Polen in Italien zu einer patriotischen Pflicht zählt: Das Kloster Monte Cassino, dessen deutsche Besetzung im Zweiten Weltkrieg erst nach mehrmonatiger Belagerung von polnischen Brigaden gestürmt werden konnte. Auf dem großen polnischen Soldatenfriedhof am Abhang des Klosterberges legt die polnische Delegation Blumen nieder und spricht ein Gebet für die Gefallenen.
Am nächsten Tag ist der große Augenblick endlich da. In Anwesenheit von Vertretern der Warschauer Regierung und der polnischen Geistlichkeit beim Vatikan wird Wałęsa von Johannes Paul II. im Konsistoriumssaal empfangen. Eine halbe Stunde lang hatten sich zuvor die beiden populärsten derzeit lebenden Polen in der Bibliothek des Papstes unterhalten.
Nun fällt Wałęsa vor dem Heiligen Vater auf die Knie, wird von diesem aber sofort aufgehoben und umarmt.
„Die ‚Solidarität' ist keine politische Gruppierung", so der Gewerkschaftschef in seiner Rede vor dem Papst. „Sie wird auch niemals eine politische Gruppe sein."
Mut, Besonnenheit und Mäßigung empfiehlt der Papst den Gewerkschaftern wie der politischen Führung in Warschau. Er lobt den Vertrag von Danzig als ‚Frucht eines Dialogs, frei von Gewalt und Übermacht.' Offenbar in Anspielung auf die Kontakte zwischen dem Vatikan und der sowjetischen Führung, über die in den Wochen vor Wałęsas Rombesuch gemunkelt worden war, sagt Johannes Paul: „Ich habe euch geholfen in kritischen Tagen – wenn auch auf sehr diskrete Weise. Die Entwicklung in Polen ist eine innere Angelegenheit des

Landes. Das ist die Meinung der ganzen freien Welt. Ihr aber sollt eure Arbeit fortsetzen, fortsetzen, fortsetzen."
Jedem einzelnen Delegationsmitglied gibt der Heilige Vater dann ein persönliches Wort mit auf den Weg – eine dringend benötigte Rückenstärkung für die ‚Solidarność'-Leute, denn die Auseinandersetzungen daheim sind ja keineswegs beendet.
Als ich Pani Danuta später auf die Begegnung im Vatikan anspreche, treten ihr beinahe die Tränen in die Augen.
„Es war wunderschön, das Schönste, was ich im Leben je erlebt habe und schöner als alles, was ich noch erleben kann."
Was der Papst ihr persönlich gesagt hat, darüber will sie nicht sprechen. Aber es muß sie sehr gefreut haben, denn sie strahlt über das ganze Gesicht, als sie sagt: „Was der Heilige Vater mir gesagt hat, hat er nur für mich gesagt. Das ist ein Geschenk an mich und mein Geheimnis für immer."
Auch Leszek ist nicht gerade gesprächig, wenn es um den Inhalt seiner Privatunterhaltung mit dem Oberhaupt der katholischen Kirche geht.
„Ich liebe den Papst, ich habe ihn immer geliebt. Schließlich ist er ja einer von uns. Jetzt allerdings sind wir gezwungen, ihn mit der ganzen Welt zu teilen. Wir verstehen sehr gut, daß er jetzt nicht immer nur an Polen denken kann, denn er muß ja alle Katholiken in der ganzen Kirche lenken und leiten. Und das bedeutet für ihn viel Aufopferung."
Trotz seiner Verehrung für den Papst will Leszek sich und seine Gewerkschaft nicht von der Kirche vereinnahmen lassen. „Unsere Ideen, die Ideen der Gewerkschaftsbewegung, sind dem Heiligen Vater ja nicht fremd. Wir bemühen uns wie er um Wahrheit und Gerechtigkeit auf dieser Welt. Er ist in der ganzen Kirche zu Hause, und wir sind mit unseren bescheidenen Mitteln bei uns zu Hause. In dem Punkt stimmen wir völlig überein: Wahrheit und Gerechtigkeit sind das Wichtigste, was es gibt. Allerdings sind wir weiter der Meinung, daß wir in unserer Gewerkschaft keine Messen lesen und keine Kapellen bauen werden. Unter unseren Mitgliedern sind Gläubige und Nichtgläubige. Weil die allermeisten von uns, über neunzig Prozent, praktizierende Katholiken sind, werden wir für uns und unsere Kinder Kirchen bauen – aber neben den Gewerkschaftshäusern. Dort werden wir beten und Gott um seine Hilfe anflehen. Hier werden wir arbeiten und das tun, was die Pflicht einer Gewerkschaft

ist: Wir kümmern uns um die Lebens- und Arbeitsbedingungen unserer Mitglieder. Wir werden dafür sorgen, daß die Belegschaften mit vollem Herzen bei der Arbeit sein können."
Ob ihm der Papst etwas außer seinem Segen mit auf den Weg gegeben habe? „Das war ein Gespräch zwischen Vater und Sohn. Ich verehre den Papst aus ganzem Herzen. Deswegen brauchte ich nicht viel zu sagen, sondern habe ihm vor allem zugehört. Er sprach zu mir über religiöse Fragen, über Fragen des Glaubens. Es war ja schließlich eine Pilgerfahrt."
Vor dem Besuch hieß es allgemein, Jan Paweł, wie ihn die Polen nennen, werde vor allem zur Vorsicht, Vorsicht und nochmals Vorsicht mahnen. Leszek wehrt ab: „So haben wir nicht miteinander gesprochen – das war ein seelsorgerisches Gespräch und keine politische Verhandlungsrunde."
Die Politik kam erst danach an die Reihe, in der ersten Begegnung mit den italienischen Gewerkschaftsführern. Auf dem kurzen Weg vom Hotel zum Gewerkschaftshauptquartier werden die Polen wieder von Reportern umlagert. Es ist fast wie auf der Werft, mindestens hundert Fotografen, mindestens zwanzig Fernsehteams.
Nur ein Unterschied fällt ins Auge: Hier in Rom wird Wałęsa von einer sehr viel größeren Anzahl jener unauffälligen, muskulös aussehenden Herren begleitet, denen man ihren Beruf schon auf zwanzig Schritte ansieht.
Daß es ein Gespräch mit kommunistisch orientierten Gewerkschaftskollegen werden wird, lehnt Leszek ab:
„Wir reden mit allen Gewerkschaften. Wir schließen niemanden von den Kontakten aus. Aber unser Weg ist kein politischer Weg, und wir wären sehr froh, wenn alle Gewerkschaften grundsätzlich unpolitisch wären. Unsere Gastgeber sollen uns Lösungen für Gewerkschaftsprobleme vorführen, mit denen sie Erfolg hatten, und von denen wir sicherlich manches gebrauchen können. Wir werden den italienischen Kollegen unser Modell erklären, vielleicht können sie davon auch etwas lernen."
Ob sie etwas davon lernen oder nicht, auf jeden Fall erhalten die italienischen Genossen von Wałęsa ein kurzes Kolleg über den Streik:
„Streik ist die Waffe, die man nicht mißbrauchen und nur selten benutzen darf, die man aber immer im Gürtel tragen muß.
Man darf sie aber nicht so einsetzen, daß sie dem Vaterland schadet. Denn ohne Vaterland gibt es auch kein Brot."

Zurück zum Alltag

Bis Juni gebe ich mir noch eine Chance.

Wer ist Lech Wałęsa jetzt, nach dem Besuch beim Heiligen Vater? Als ich ihn danach frage, sitzen wir im Warschauer Sejm-Hotel. Er ist als Gast der Regierung zu Gesprächen mit ihren Vertretern in die Hauptstadt gereist. Er trifft mit Jagielski, Kania und dem Ministerpräsidenten zusammen, und er besucht, wie inzwischen bei fast jedem Warschau-Aufenthalt, den Primas von Polen.

Zu diesem Gespräch müssen wir uns in einen Konferenzsaal zurückziehen, einen andern Platz konnte uns ein Sicherheitsbeamter des Hotels nicht zur Verfügung stellen. Henryk folgt uns, vor der Tür postieren sich zwei Herren mit den bekannten breiten Schultern. In diesem Riesensaal kommen wir uns etwas verloren vor: eine grelle Beleuchtung, lange, kahle Verhandlungstische, an der Stirnwand ein überdimensionales Portrait Lenins. Wałęsa fühlt sich hier augenscheinlich nicht wohl: „Eigentlich habe ich für unsere Gespräche keine Zeit mehr. Um 10 Uhr treffe ich den stellvertretenden Ministerpräsidenten, ich verspäte mich bestimmt schon wieder."

Er wird mit Sicherheit – wie stets – zu spät kommen. Doch die meisten seiner Verhandlungspartner haben mittlerweile Verständnis für seinen ständigen Termindruck.

Er schlürft seinen zu heißen Tee, verbrennt sich wieder einmal die Finger; was er auch trinkt, es ist immer zu heiß.

„Am liebsten würde ich jetzt alle Interviews absagen. Aber bei manchen geht das nicht, weil sie unsere Ziele unterstützen. Manchmal bringe ich es auch nicht fertig, weil die Leute in schwereren Stunden dabei waren und damals ihr Bestes für uns getan haben. Aus den Entwicklungen seit August habe ich einige Lehren gezogen. Ich unterhalte mich mit Freunden, alle anderen nehme ich einfach nicht mehr ernst; in Wirklichkeit habe ich nur ein einziges großes Ziel, und das kennst du."

Ich wiederhole meine Frage nach dem, was Lech Wałęsa heute sei.

„Der, der er immer war. Ein elender Wurm dieser Erde."

Wenn ich heute, so erkläre ich Wałęsa, nach seinen Ängsten frage, dann habe ich nicht diejenigen aus den Augusttagen auf der Werft im Sinn, eher neue Unsicherheiten und Ungewißheiten.

„Nein, ich habe immer noch keine Angst. Nicht einmal vor mir selbst.

Ich kann mich selbst kontrollieren, dabei hilft mir mein Glaube. Mir drohen nicht die Gefahren, die einige von euch an die Wand malen."
Ob er damit auf die Gefahr der Selbstüberschätzung anspielen wolle?
„Ich überschätze mich nicht und verkünde immer wieder laut und deutlich, daß meine Meinung überhaupt nichts zählt. Ich tue nur das, wozu mich einige Leute bevollmächtigt und beauftragt haben. Ich bin ihr Repräsentant und erfülle die Aufgabe, die sie mir übertragen haben. Ich bin einfach einer, der vorangehen muß."
Hieße das, er verstehe sich inzwischen als Politiker?
„Wenn jemand endlich einmal präzisieren könnte, was ein Politiker oder was Politik ist. Ich weiß nicht, was das ist. Deshalb kann ich auch nicht beurteilen, ob ich plötzlich auf den Weg der Politik geraten bin. Wenn du behauptest, daß alle meine Aktionen politische Folgen haben, dann kann das zwar stimmen, aber solange es kein Buch gibt, in dem klar und deutlich steht, was politisch ist, solange behaupte ich, kein Politiker zu sein."
Wenn er mit den führenden Persönlichkeiten Polens zusammenträfe, wenn die meisten von ihnen den Dialog mit ihm suchten, ob er dann nicht bisweilen den Eindruck habe, gleichzeitig auch etwas für das Ansehen der Person Wałęsas erreicht zu haben?
Er antwortet mit einer für ihn typischen, wegwerfenden Handbewegung und einem kurzen, mehr gezischt denn gesprochenen Satz:
„Funktionen zählen für mich nicht, immer nur die Menschen und unsere Sache."
Warum er in jüngster Zeit auf solche Fragen immer mit Aggressivität reagiere? Vielleicht weil ihn solche Fragen verletzten?
„Nein, aber von Stimmungen will bei mir niemand etwas wissen. Ich bin auch nur ein Mensch. Manchmal habe ich Lust zu lachen, und manchmal möchte ich weinen. Das ist menschlich – auch bei mir."
Ich komme auf Fragen zurück, die gegenwärtig viele seiner Mitarbeiter an ihn richten, und die ihm häufig auf Treffen mit anderen Vertretungen der ‚Solidarität' an den Kopf geworfen wurden. Ob er persönliche Vorteile aus seiner Stellung ziehe? Ob es nicht verständlich sei, daß sich seine Kampfgenossen über seine neue Wohnung, neue Möbel, ein Auto, etc. Gedanken machten, und daß sie mit etwas Mißtrauen seine Popularität in der westlichen Presse beobachteten?
„Ich nehme das alles nicht zur Kenntnis. Die westliche Presse ist für mich unwichtig. Ich tue meine Pflicht, alles andere geht mich nichts an. Ich will in keinem Lexikon stehen, und ich erwarte nicht, daß man mir

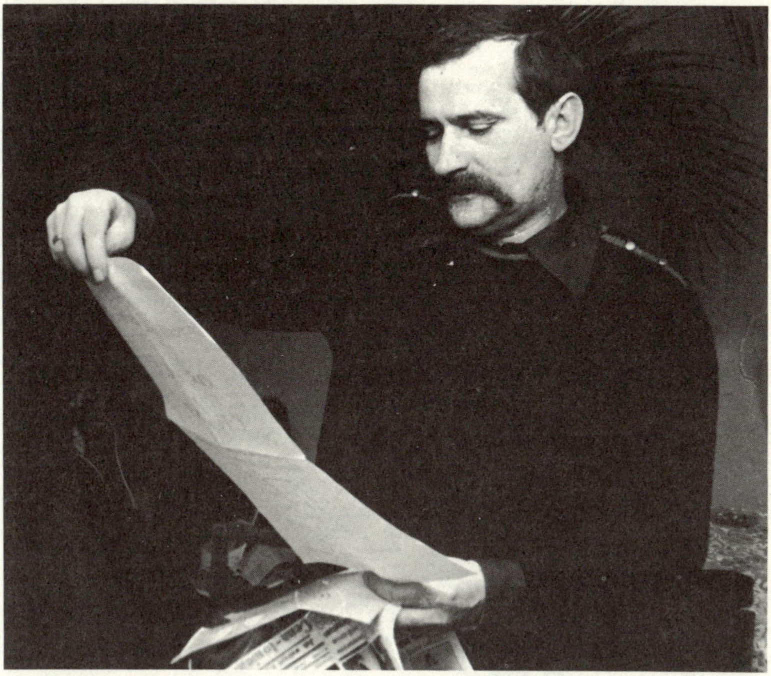

Pro Tag mindestens hundert Briefe, die kann man gar nicht alle lesen

„Heute Solidarität – morgen Erfolg.“ „Vielleicht wird man erst in 5 Jahren merken, was wir hier gemacht haben.“

dziś

Solidarność

SUKCES jutro

ein Denkmal baut. Ich will kein Geld, ich erwarte überhaupt nichts. Ich führe das zu Ende, wozu ich mich verpflichtet habe. Die Journalisten sind normale Profis, die durch mich ihr Geld verdienen. Es freut mich, daß sie sich etwas bereichern können, es kann auch uns helfen. Vielleicht werden sie sich eines Tages daran erinnern, durch wen sie verdient haben."

Ich frage ihn nach seinen Kontakten zu anderen Gewerkschaften, nach Hilfen und finanzieller Unterstützung.

„Zu Japanern, Italienern, auch Franzosen und Deutschen, haben wir eigentlich nur eine lockere Verbindung; wir befinden uns immer noch im Anfangsstadium der Organisation. Alle unsere Kontakte sollten aber nicht mit politischen Verpflichtungen verbunden sein, da unsere Organisation nie einen politischen Auftrag erfüllen wird. Wenn an einen solchen Gedankenaustausch keine Bedingungen geknüpft sind, werden wir uns bald international Anregungen verschaffen. Dasselbe gilt für Geldangelegenheiten. Wir haben viele Spenden erhalten, teils an meine Adresse, teils auf das Konto der Gewerkschaft. Ich habe alles überwiesen und nichts für mich selbst behalten. Solange mit Geld keine Verpflichtungen verbunden sind, nehmen wir es gern."

Ob seine persönlichen Ziele andere geworden seien? Ob er sich eine Führungsposition in diesem Staate vorstellen könne? Wie seine Familie seinen Aufstieg ertrage? Ich muß mich kurz fassen, ein Sejm-Bote steht bereits in der Tür und tritt von einem Bein aufs andere.

„Für mich persönlich plane ich nichts, ich habe auch augenblicklich keine Zeit dazu. Ich will keine Macht. Lieber möchte ich mich zurückziehen und mich um meine Familie kümmern. Ich muß nur zuerst alles erledigen, was man mir aufgetragen hat, dann kann ich mich privateren Dingen widmen. Zu Hause leiden alle unter der jetzigen Situation. Ich bin im Grunde ein sehr stiller Mensch, ich bin weder auf Beifall noch auf Hektik angewiesen. Am liebsten möchte ich unbemerkt bleiben. Es fällt mir immer schwerer, so wie jetzt zu leben. Ich bin zwar nicht eitel, habe aber Vergnügen an schönen Dingen. Ich war immer darauf bedacht, gewisse Grenzen nicht zu überschreiten. Grenzen, die von Moral und Menschlichkeit gezogen sind. Ich amüsiere mich ganz gern, manchmal trinke ich auch einen Schluck, schöne Mädchen gefallen mir – aber alles, wie gesagt, in Grenzen.

Ich bin viel zu spontan. Auf der einen Seite ist das gut, weil es Zeit spart, auf der anderen Seite geht es mir selbst manchmal zu schnell. Dann setze ich mich hin und werde furchtbar müde."

Ob er das, was er spontan gesagt habe, später immer überzeugt vertreten könne?

„Immer? Eigentlich schon. Das kommt daher, daß ich nie lüge oder vorher etwas im einzelnen ausrechne. Ich kann mich manchmal schlecht ausdrücken, aber was ich einmal gesagt habe, war immer ehrlich und nie berechnend. Ich brauche manchmal vielleicht in bestimmten Momenten zu große Worte – ich bin nur ein Arbeiter und kann nicht mit Worten spielen."

Ob er häufiger richtig oder falsch entscheide?

„Das weiß ich nicht. Ich kann das selbst nicht gut abschätzen. Sicher mache ich viele Fehler. Nur wer überhaupt nichts tut, macht keine Fehler. Wer dagegen viel tut, hat mehr Chancen, Fehler zu machen."

Wir verabreden uns für Danzig und hoffen dort auf etwas mehr Ruhe.

Ich will kein Beauftragter der Regierung sein. Aber Panzer auf den Straßen könnt auch ihr nicht wollen.

In der ersten Januarhälfte findet unser vereinbartes Gespräch statt, doch kann auch dabei von Ruhe nicht die Rede sein. Warnstreiks flammen in allen Teilen des Landes auf. Aus den verschiedensten Gründen kommt es zu Arbeitsniederlegungen; beinahe jeder Betrieb nimmt die Gelegenheit wahr, eine alte, noch offene Rechnung mit Funktionären zu begleichen. Die Situation in Polen wird immer komplizierter und undurchschaubarer. Wer wo und warum streikt, ist selbst für Wałęsa nicht mehr klar zu erkennen. Ihn trifft in diesem Chaos die Hauptlast, als eine Art Feuerwehrmann der Regierung und der ‚Solidarität' hastet er durchs Land. Er schlichtet, redet und schimpft – und da er diese Aufgabe auch im Namen der Regierung übernommen hat, bilden sich während seiner Abwesenheit in Danzig innerhalb der ‚Solidarität' erste Gruppierungen heraus, die gegen ihn opponieren. Er sei zu gemäßigt, gebe zu häufig nach – sie seien für radikalere Schritte.

Mein Gespräch an diesem Abend wird wie häufig von den Gedanken bestimmt, die ihn augenblicklich am meisten beschäftigen:

„Am Anfang war unsere Bewegung sehr radikal, und die meisten verstanden noch gar nicht, worum es uns ging. Dann wurde die

Abteilung Danzig vernünftiger, die Landeskommission aber verschärfte ihren Ton. Da sind zum Beispiel jetzt diese dummen Streiks. Wir haben diese Bewegung erst ins Leben gerufen. Wir haben unseren Streik gewonnen. Jetzt wollen auch alle anderen beweisen, daß sie kämpfen können, man weiß ja inzwischen, daß das gut ausgehen kann. Sie wollen ebenfalls unbedingt gewinnen – dabei haben sie meist lächerliche Probleme. Die ganzen letzten Streiks sind ein wirklicher Blödsinn.

Vielleicht gibt es ein oder zwei Punkte, die ernst zu nehmen sind, die meisten ihrer Forderungen sind albern.

Nur damit ein Wojewode ausgewechselt, nur damit ein Dieb geschnappt wird – dafür kann man nicht streiken. Die Zeiten sind nun einmal derart, fast alle sind Diebe, aber man zerstört noch mehr, wenn man deshalb gleich streikt. Das kann man anders machen: Man sammelt Beweismaterial, schickt es an die Staatsanwaltschaft und wartet ab. Man behält eine Kopie des Beweismaterials – man kann ja nie sicher sein – jeder kennt seine Rechte und fängt deshalb nicht gleich wild zu streiken an. Da verfallen plötzlich Leute auf die Idee, das alte Verwaltungssystem wieder einzuführen. Früher hatten wir 17 Wojewodschaften, heute sind es 49. Ich bin auch der Meinung, daß das alte System besser war. Aber für solche Änderungen muß man der Regierung Zeit lassen. Wojewoden müssen versetzt, neue Grenzen gezogen werden, – das ist alles nicht so einfach. Von heute auf morgen geht das nicht – aber sie streiken trotzdem.

Das alles gefällt mir nicht. Wenn ich der Kommandant einer Armee wäre, wüßte ich genau, was ich zu tun hätte."

Woher seine plötzlichen, auf eine Art Befehlsgewalt gerichteten Vorstellungen und Wünsche kämen?

„Ich denke nicht an Gewalt, Gott behüte. Ich denke an Kontrollen. Die sollen mir hier mehr Spielraum geben und mich in Ruhe lassen! Dann würde ich die Sache schon bereinigen. Oder sie sollen sich selbst hinsetzen und es mit ihren Lösungen versuchen. Ich stelle ihnen gern meinen Stuhl zur Verfügung. Aber ich werde sie beobachten, all diese Schlauköpfe! Einer ist wie der andere, mich schicken sie los, und dann graben sie hinter mir eine Grube. Ich glaube, ich könnte das Problem der Warnstreiks schon lösen, wenn ich mit der Landeskommission so reden könnte wie ich wollte. Aber nein, sie haben ja hier ihre neuen Ideen – hier im sicheren

Danzig. Dabei brauchten sie einen Mann, zu dem die Leute in den anderen Regionen ebenfalls Vertrauen haben. Sie allein schaffen das nicht."

Wer dieser Mann sein könne, zu dem alle Vertrauen hätten?

„Ich denke da nicht an mich. Es wird sich jemand finden. Mir fallen sofort mehrere auf einmal ein – aber die Entscheidung hängt ja nicht von mir allein ab."

Grabenkämpfe innerhalb der ‚Solidarität'. Ein polnischer Kollege hatte mir schon im September '80 prophezeit, daß Wałęsa dasselbe Schicksal wie die Köpfe anderer großer historischer Bewegungen erwarte: Man werde ihn überrennen.

Welche Funktionen er gegenwärtig offiziell ausübe?

„Ich bin Vorsitzender des Streikkomitees der Werft und der Landeskommission der ‚Solidarität'. Aber auf der Werft haben sie mich inzwischen etwas zurückgedrängt. Sie haben einen anderen zum Vorsitzenden des Gründungskomitees gemacht, ich bin nur noch Ehrenvorsitzender – aber das spielt keine Rolle. Wir sollten uns nicht mit derartigen Nebensächlichkeiten aufreiben. Wir haben hier genug mit dem Aufbau unserer Organisation zu tun! Und was machen wir? Ich rase herum, um Streiks zu schlichten, und hier beschäftigt man sich mit tausend anderen Problemen: Wir greifen bei Ehekonflikten ein, bei Grenzabmessungen auf irgendwelchen Bauernhöfen; wir holen Leute aus Gefängnissen und müssen bei hundert Unterorganisationen mitdiskutieren. Das kann nicht der Sinn der ganzen Sache gewesen sein: wir müßten erst mal bei uns Ordnung schaffen. Ich sehe ja ein, daß das alles nötig ist, daß wir auch menschliche Probleme berücksichtigen müssen.

Aber das alles sollte am Ende unseres Aufbaus stehen – dann fang' ich gern Diebe, meinetwegen können auch in jedem Regionalkomitee Detektive sitzen. Aber bitte erst, wenn unsere Organisationsarbeiten abgeschlossen sind. Beim augenblicklichen Durcheinander können wir nur verlieren. Wir müssen uns ständig selbst zerreißen, und unsere Interessen werden durch Splittergruppen gefährdet. Das kann eigentlich nur der Regierung gefallen – für unsere Bewegung ist das tödlich."

Ob die Regierung ihn nicht ebenfalls brauche? Nicht ohne Grund würde er mittlerweile „Feuermann Warschaus" genannt.

„Es geht überhaupt nicht um Warschau, sondern ganz allein darum, daß ich kein landesweites Chaos will. Wir haben das Recht auf Streik erkämpft. Aber dieser Streik soll solidarisch und mit guten Gründen stattfinden. Nicht mal hier, mal da – kein Mensch kommt dazu, Atem zu schöpfen, weder wir noch die Regierung. Die können augenblicklich nichts unternehmen, weil sie nur dasitzen und ängstlich dem nächsten Streik entgegensehen.

Der Minister rast hierhin, ich dorthin, irgendwo treffen wir uns – und keiner von uns weiß, wo wir morgen sein müssen.

Wir sollten alle zusammenhalten. Wir kümmern uns um unsere Organisation, und der Regierung lassen wir etwas Zeit. Das heißt nicht, daß wir das Gewonnene aufgeben sollten. Aber wenn alle etwas Ruhe hätten, könnte man entschiedener feststellen: Dieses ist noch nicht erledigt, hierüber müssen wir noch diskutieren, usw. Solche Konfrontationen, wie die wegen des freien Samstags, sind vielleicht nur aus diesem Grund entstanden.

Die Regierung hat unsere Forderungen auf der Werft unterschrieben, jetzt darf sie ihr Gesicht nicht verlieren, sonst hätte sie einen großen Fehler gemacht. Sie hat einfach zu spät angefangen darüber nachzudenken, was sie da eigentlich unterschrieben hat. Wären die Verantwortlichen zu diesem Zeitpunkt zu uns gekommen und hätten sie uns erklärt, daß es jetzt noch nicht ginge, daß die Wirtschaftslage zu angespannt sei, es mit der Versorgung schlecht stünde – wir hätten uns bestimmt geeinigt. Man muß uns nur alles erläutern und uns als Gesprächspartner ernst nehmen. Statt dessen traten sie ohne Beratungen mit uns einfach im Fernsehen auf und gaben bekannt: keine freien Samstage. Sie hätten ihren Kopf etwas früher anstrengen, etwas früher mit uns reden müssen. Zum Beispiel freie Samstage im Januar – wegen der Unterzeichnung – und danach diskutieren wir noch einmal darüber. Wir sind alle ehrliche Menschen, aber wir haben Probleme, die das ganze Land betreffen. Der Gesellschaftsvertrag ist eine Ehrensache – aber wie können wir aus der augenblicklichen Situation herauskommen? Was sollen wir machen? So hätte das laufen müssen, aber dazu hatten sie keine Zeit. Jetzt ist es passiert, und wir können nicht mehr nachgeben, weil die Sache inzwischen zu sehr hochgespielt wurde. Weil die Situation verfahren ist, riskieren wir jetzt überall neue Feindschaften; mit der Regierung, innerhalb der „Solidarität", in der Landeskommission, usw. Ich hatte früher schon einmal ähnliche Befürchtungen, als die ‚KOR'-Gruppe anfing, unsere Gewerkschaft zu beraten. Ich war nicht dagegen, habe nur gewußt, daß es damit zu Zerwürfnissen in unserer Bewegung käme. Einige Splittergruppen

wollten sich von uns loslösen. Ich habe gekämpft, ich wollte, daß all dies unter uns bliebe, daß wir nach außen weiterhin ein geschlossener Block sind. Ich habe mich tagelang mit Kollegen und Frau Walentynowicz darüber gestritten. Ich wollte um jeden Preis alle zusammenhalten, aber erreicht habe ich nichts. Ich weiß heute, daß uns eine Spaltung bevorsteht. Ich weiß nicht wann, nicht in wie viele Gruppen – aber sie wird kommen. Nur bitte jetzt nicht! Das wäre für alle der dümmste Zeitpunkt, dann würden wir total zerfallen.
Vielleicht kommt die Zeit, in der eine Spaltung für unsere Bewegung sogar Gewinn bedeutet. Vielleicht – mit dieser großen Unbekannten kämpft die ‚Solidarität'.
Die Sache mit dem freien Samtsag werden wir lösen. Jeder gibt etwas nach, dann werden wir uns einigen. Auch die Warnstreiks zwingen uns noch nicht in die Knie – nur unsere Organisation wird auf der Strecke bleiben."
Am nächsten Tag erfahre ich, wie bitter recht Wałęsa mit seinen Befürchtungen hatte. Die Bürokratie, über die er einmal sagte: ‚soviel wie nötig, sowenig wie möglich', hat ihn bereits überrannt.
Er verfügt jetzt über eine neue Sekretärin, einen neuen Pressesprecher, einen neuen Leibwächter, ein neues Büro, neue Möbel, ein neues Telefon. Als ich im Sekretariat auftauche, erkennen mich einige wenige der ersten Stunde:
„Tu' uns bitte den Gefallen und schreib' auf eine Papptafel in Englisch, Französisch und Deutsch folgenden Text: ‚Journalisten, die Herrn Wałęsa sprechen wollen, müssen sich zuerst im Pressebüro, Zimmer 703 melden'." Ich setze mich hin und male die Anweisung auf eine weiße Pappe. Wir geben uns Mühe, die neue Sekretärin eingeschlossen. Leszek erscheint und sagt: „Danke, das war ja wohl auch nötig. Hängt es draußen hin!" Und zu mir: „Komm' doch morgen früh noch mal vorbei, da gibt es keine Tagung der Landeskommission."
Am nächsten Morgen öffne ich die Tür zum neuen Vorzimmer, die neue Sekretärin weist mit ausgestrecktem Arm auf unser gestern gemaltes Pappschild und brüllt: „Wenn Sie nicht einmal lesen können, kommen Sie bitte nicht in dieses Haus!" In Zimmer 703, davon überzeuge ich mich noch rasch, sitzt eine Studentin, die jedoch ebenfalls für Gesprächstermine mit Wałęsa nicht zuständig ist. Mit Begeisterung sortiert sie Formulare. „Was wollen Sie? Ich bin kein Pressebüro, ich registriere neue Gewerkschaftsmitglieder!"

Fast drei Jahre danach

Siebzehn Monate dauerte die Zeit der goldenen Freiheit. Siebzehn Monate, in denen Millionen junger Polen, die erst in der Zeit der Volksrepublik auf die Welt gekommen waren, zu lernen versuchten, wie das funktioniert: Demokratie.

Es war eine chaotische Zeit, ebenso chaotisch wie die Organisation im Büro der Solidarität. Es war eine anstrengende Zeit – für die Gewerkschafter ebenso wie für die Parteifunktionäre und nicht zuletzt die Journalisten. Manchmal war es kaum noch möglich, den Überblick über die vielen Resolutionen, Warnstreiks, Streikdrohungen, Betriebsbesetzungen, ZK-Sitzungen, Grundsatzerklärungen und Polizeimaßnahmen zu halten.

Aber es war auch eine faszinierende Zeit. Wir wollen unsere Eindrücke nicht überbewerten, doch die Stimmung erinnerte in mancher Hinsicht an das, was von der Französischen Revolution oder den Ereignissen unmittelbar nach der Russischen Revolution überliefert ist. Begeisterung und Organisationstalent ersetzten oftmals die fehlenden Verwaltungsstrukturen.

Beinahe der einzige, der den Überblick noch behielt, war Leszek. Details interessierten ihn nicht – das war wohl das Geheimnis seines Erfolgs. Aber er kam mir oft vor wie ein Jongleur, der genau einen Ball zuviel in der Luft halten muß.

Ob die Solidarität nicht auch viele Fehler gemacht habe, wurden wir nach der Verhängung des Kriegsrechts, als der polnische Traum ausgeträumt schien, oft gefragt. Die Antwort ist einfach: Natürlich hat die Solidarität Fehler gemacht. Die Gewerkschafter machten so ziemlich jeden Fehler, den man machen kann. Sie unterschätzten den Überlebenswillen der Partei, die Bedrohung aus den Nachbarländern und die Bedeutung der schlechten Wirtschaftslage. Sie überschätzten die eigenen Möglichkeiten und die Leidensfähigkeit der Bevölkerung. Man kann eine Gesellschaft wahrscheinlich nur eine begrenzte Zeit am Rande der Staatskrise halten. Und die Solidarität hatte nur zwei Waffen: den Generalstreik und die Drohung mit dem Generalstreik. Was Wunder, daß diese Waffen sich verhältnismäßig rasch abnutzten. Der Hauptfehler aber – wenn man das so zynisch sagen kann – bestand darin, die unabhängige, selbstverwaltete Gewerkschaft Solidarność überhaupt zu gründen. Die Solidarität ist daran kaputtgegangen, daß

die Machtinteressen der Sowjetunion und die der polnischen Partei stärker waren als der Freiheitswille der Bevölkerung.
Das polnische Beispiel scheint zu lehren, daß es mit der Freiheit so ähnlich geht wie mit der Schwangerschaft: Ein bißchen geht nicht. Der Druck der Basis auf die Gewerkschaftsführung, immer mehr Probleme anzupacken, mit denen die Polen in ihrem täglichen Leben zu kämpfen hatten, wuchs von Tag zu Tag. Damit wuchs gleichzeitig auch die Gefahr, die den oberen Rängen des Parteimanagements von seiten der Gewerkschaftsbewegung drohte.

Der entscheidende Wendepunkt des Jahres 1981 war, obwohl das damals kaum jemand von den Akteuren und Beobachtern merkte, ein auf den ersten Blick eher harmloser Anlaß im März: die Schlägerei im Rathaus von Bromberg, Bydgoszcz.
Eine Gruppe von Gewerkschaftern war in das Gebäude gegangen, um mit den Ratsmitgliedern über die Einführung der Bauernsolidarität und den Zugang der Gewerkschaften zu den Medien zu diskutieren. Die Diskussion wurde jäh unterbrochen, als der örtliche Milizkommandant das Gebäude stürmen und räumen ließ. Mehrere Gewerkschaftsmitglieder wurden brutal verprügelt und mußten ins Krankenhaus eingeliefert werden. Die Stadt war im Aufruhr. Menschenmengen versammelten sich vor dem Gebäude der Solidarität und vor dem Sitz des Bürgermeisters und des Regierungspräsidenten.
Wałęsa kam aus Danzig herbeigeeilt, um zu retten, was zu retten war. Eigentlich hatte er die Koffer schon gepackt, um nach Paris zu fahren, wo er der französischen Gewerkschaft einen Besuch abstatten wollte. Nun sagte er die Reise ab und stürzte sich wieder in eine Serie von Tag- und Nachtverhandlungen.
Sein Partner auf der Regierungsseite war Mieczysław Rakowski, der Stellvertreter Jaruzelskis. Rakowski damals über Lech Wałęsa:
„Herr Wałęsa ist ein sehr interessanter Gesprächspartner und ein sehr geschickter Verhandlungsführer. Ich gebe zu, daß ich ihn als Partner mag und mit Sympathie behandle. Er ist zweifellos ein Führer, der sich der Kraft der Bewegung bewußt ist, an deren Spitze er steht, aber auch der Bedrohung für die Gewerkschaft. Innerhalb der Solidarität spielt er gewiß eine mäßigende Rolle."
In demselben Gespräch mit der Warschauer dpa-Korrespondentin Renate Marsch gab Rakowski auch eine realistische Darstellung vom Stil der Verhandlungen zwischen Regierung und Gewerkschaft:

„Natürlich gab es während der Verhandlungen viele aggressive und demagogische Äußerungen. Ich stelle selbstkritisch fest, daß ich mich manchmal aufregte, was jeder Verhandlungsführer unbedingt vermeiden sollte. Manchmal habe ich den Eindruck, daß einige meiner Partner auf der anderen Seite des Tisches typische Kinder unseres Propagandasystems und auch des Mangels an politischer Kultur sind. Besonders reizt mich die ständige Wiederholung ‚Wir sind Polen.' Als ob ich etwas anderes wäre!"

In dieser gereizten Stimmung vollzogen sich Gespräche, die für das weitere Schicksal Polens entscheidend werden sollten.

Die Gewerkschaft hatte drei wesentliche Forderungen aufgestellt, von denen sie nicht abrücken wollte:

1. Die Entdeckung und Bestrafung der für die Schlägerei von Bromberg verantwortlichen Sicherheitsoffiziere.
2. Die Zulassung der Solidarität zu den Massenmedien.
3. Die Zulassung einer Gewerkschaft der privaten Bauern als Voraussetzung für die Gesundung der polnischen Landwirtschaft.

Rakowskis Position war deshalb besonders schwierig, weil die Partei eigentlich nicht bereit war, auch nur in einem dieser Punkte nachzugeben. Denn alle drei Forderungen schienen den Falken im Parteiapparat an die Substanz ihrer Macht zu gehen.

Wir Journalisten taten in dieser Zeit das, was viele von uns an unserem Beruf am meisten hassen: Wir belagerten die Portale des Palais Czartoryski in der Warschauer Innenstadt und hofften auf ein Bild von einem der Verhandlungsteilnehmer oder einen hingeworfenen Satzfetzen.

Aus den Informationen von dieser Zeit und den anschließenden Krisen ergibt sich folgendes Bild: Rakowski war in diesen Verhandlungen als Vertreter der Regierung bis an die äußerste Grenze dessen gegangen, was er politisch noch überleben konnte. Man einigte sich nach endlosen Sitzungen auf ein Abschlußkommuniqué, in dem die Regierung das wichtige Zugeständnis machte, der Organisation einer Bauerngewerkschaft keine Hindernisse in den Weg zu legen. Mit dieser Erklärung setzte sich Rakowski bereits heftigster Kritik von seiten der Falken in der Partei aus.

Nach einer nächtlichen Verhandlungspause, in der Wałęsas Berater das eigentlich bereits beschlossene Dokument Wort für Wort und Komma für Komma abwogen, mußte Wałęsa dem Vizepremierminister erklären, die Gewerkschaft könne dieses Papier nun doch nicht mittragen. Dies hatte zwei Wirkungen: Kurzfristig mußte eine neue Version des

Dokuments entwickelt werden. Mittelfristig verlor die Gewerkschaft ihren besten Verbündeten auf der Regierungsseite. Seit dieser Nacht war Mieczysław Rakowski der Meinung, mit der Gewerkschaft Solidarität könne man nicht „powasnie", nicht ernsthaft verhandeln.

Etwa um diese Zeit müssen auch die Vorbereitungen der Partei- und Regierungsspitze für die Ausrufung des Kriegsrechts im Dezember desselben Jahres begonnen haben.
Wollte man die Aktion so glatt und reibungslos wie möglich durchführen, dann war eine so lange Vorbereitungszeit keineswegs übertrieben.
Während Leszek die Weltöffentlichkeit mit der Ankündigung seines Rücktritts verblüffte („Ich bin müde und herzkrank und möchte die Gewerkschaft verlassen!"), arbeiteten die Sicherheitsspezialisten der Partei mit Hochdruck an dem Plan für die Liquidierung der Solidarität.
Wałęsa ahnte zu jener Zeit von solchen Plänen nichts.
Eines Abends im April erzählte er mir bei Pfefferminztee und endlosen Pfeifen, die immer wieder ausgingen, was er später auch in französischen Zeitungsinterviews sagte:
„Eine Traumregierung ist das nicht. Aber Jaruzelski tut, was er kann. Na ja, viel ist das gerade nicht."
Was an den Rücktrittsgerüchten dran sei, will ich wissen.
„Du siehst doch selbst, was hier los ist. Meine Kinder kennen mich nicht, meine Frau sieht mich nicht. Und verdient habe ich als Arbeiter auf der Werft auch mehr, als ich jetzt als Chef der Solidarität bekomme."
Eine Woche später wird er seinen Freund und Stellvertreter Andrzjej Gwiazda öffentlich angreifen. Dieser warf ihm nämlich autokratischen Führungsstil vor und befürchtete, die Ideale, derentwegen die Gewerkschaft gegründet wurde, könnten verraten werden. Leszek gab seine Absicht mit den Worten bekannt: „Ich bleibe, solange die Gefahr besteht, daß sich Abenteurertum und Verantwortungslosigkeit durchsetzen können."

Die Angst vor der Tragödie saß damals tief in ihm. Aber auch die Enttäuschung darüber, daß seine Freunde – so sah er es jedenfalls – ihm seinen Aufstieg und seine Weltberühmtheit neideten und mit seiner Politik keineswegs immer einverstanden waren. Die nach außen hin so eindeutige Identität zwischen Wałęsa und der Gewerkschaft war nämlich in diesem Krisensommer 1981 keineswegs immer gegeben. Leszek machte Politik mit dem Gefühl – das erklärt einen Großteil seiner Popularität. Die Mitstreiter des Gewerkschaftschefs machten Politik mit dem Verstand. Sie wollten die Gewerkschaft bewußt in Richtung auf eine politische Ersatz-Opposition drängen. Genau dies aber versuchte Wałęsa instinktiv zu verhindern. Für ihn war das Entscheidende die Spontaneität, der Kontakt mit der Masse und das Sich-Hindurchlavieren zwischen den Fährnissen der polnischen Tagespolitik. Manchmal geriet er außer sich.

„Spinner", schimpfte er dann, „Holzköpfe ohne Ahnung, was möglich und was unmöglich ist. Ich muß dafür sorgen, daß die auf dem Teppich bleiben. Ob mir das immer gelingt, weiß ich nicht, aber versuchen werde ich es auf jeden Fall."

Je mehr sich der für September 1981 in Danzig geplante Solidaritätskongreß näherte, desto nervöser wurde Leszek. Heute weiß ich, daß er damals einen Dreifrontenkampf führte. Einmal gegen die „Holzköpfe" in den verschiedenen Regionalorganisationen der Solidarität, denen er seine Vorstellung vom politisch Notwendigen vermitteln wollte. Dann gegen die „Klotzköpfe" in der Partei, die er immer noch zu überzeugen versuchte. Und schließlich gegen die Falken innerhalb der Solidarität, die angetreten waren, die Gewerkschaft auf diesem Kongreß endgültig zu übernehmen, Wałęsa und die anderen Gemäßigten in die Wüste zu schicken, um endlich harte Opposition gegen die Regierung in Warschau machen zu können.

Der Kongreß fand schließlich in zwei Etappen statt – vom 5. bis 9. September und vom 26. September bis 7. Oktober 1981. Der erste Teil endete mit einem klaren Sieg für Leszek. Der Sieg war schmerzlich, denn nur 55 Prozent der Delegierten entschieden sich für die Wałęsa-Linie, aber er war deutlich, weil Leszeks Gegner deutlich weniger Stimmen bekamen und einige besonders scharfe Vertreter im Vorstand sogar nur unter Schwierigkeiten überhaupt wiedergewählt wurden. Offenbar hatte Wałęsas Kurs bei der Gewerkschaftsbasis immer noch eine tragfähige Mehrheit.

In dieser Zeit persönliche Gespräche mit ihm zu führen, war so gut wie unmöglich. Hunderte von Journalisten, die sich für den Kongreß in Danzig'oliva akkreditiert hatten, umlagerten ihn, wo immer er auftauchte. Kam er aus dem Kongreßgebäude heraus, belegte Danuta ihn mit Beschlag, und als gute Ehefrau fauchte sie selbst mich an, wenn ich versuchte, ein paar Minuten von seiner kostbaren Zeit zu rauben. Für Angeln, Pilzesammeln, Camping oder Familienausflüge mit den Kindern blieb keine Zeit. Manchmal hatte ich den Eindruck, daß selbst das sonntägliche Ritual des Kirchgangs nur noch widerwillig und vor allem für die Vertreter der Presse absolviert wurde.

In diesen Wochen arbeitete die Solidarität unter Hochdruck: Die Satzung war vorzubereiten, und die Gewerkschafter bemühten sich darum, von anderen Arbeitervertretungen im Ausland Satzungsentwürfe zu bekommen, um ihr Programm so wasserdicht wie möglich zu machen.

Während die Solidarität mit sich selbst beschäftigt war und dabei auch interne Auseinandersetzungen erlebte, holte die Regierung insgeheim zum Gegenschlag aus, der dann am 13. Dezember 1981 mit der Verhängung des Kriegsrechts erfolgte.

Ich weiß nicht, ob Leszek das bemerkt hat. Wir haben nie darüber gesprochen. Vielleicht betonte er bei seinen öffentlichen Auftritten in diesen Tagen, Wochen und Monaten noch ein wenig häufiger als sonst, daß die Solidarität unter dem Banner der Gewaltfreiheit angetreten sei:

„Wenn wir uns in die Gewalt flüchten, dann werden wir nicht anders enden als alle anderen polnischen Befreiungsbewegungen vor uns. Wir sind Polen. Polen schießen nicht auf Polen. Polen schlagen sich nicht untereinander. Wir müssen zusammenhalten, um die Probleme des Vaterlandes zu lösen. Auch bei der Regierung gibt es vernünftige Leute. Nicht nur wir haben die Weisheit gepachtet. Haltet durch. Wir müssen uns verständigen."

Manches Mal wirkten seine Reden wie Litaneien. Manches Mal hatte man den Eindruck, er wiederhole nur, was er immer schon gesagt hatte, mit wenig oder keiner Hoffnung auf Erfolg. An anderen Tagen dagegen spürte man wieder das alte Feuer aus der Zeit der Streiks. Dann wirkte er kämpferisch und hoffnungsvoll und bereit, den Kampf mit jedermann und der Partei aufzunehmen, durchzuhalten und zu gewinnen.

Auch bei Danuta hatte ich in dieser Phase den Eindruck, daß sie nur von Tag zu Tag plante, arbeitete und versuchte, die Probleme der Familie zu lösen. Die Versorgungslage wurde immer schlechter. Bei den Leuten auf der Straße machte das Gerücht die Runde, die Regie-

rung halte absichtlich Vorräte zurück, um die Schuld an den leeren Regalen der Solidarität zuschieben zu können. Danuta meinte:
„Sie schauen mich schief an, wenn ich ins Geschäft komme. Als ob ich was dafür könnte. Aber die brauchen wohl ein Ventil ..."
Bei der katastrophalen Versorgungslage in Polen in diesem Winter war es für eine hochschwangere Frau nicht immer einfach, die nötigen Lebensmittel zu organisieren, auch wenn die Frau Danuta Wałęsa hieß.
Dann mußte ich das Land verlassen. Wir packten unsere Siebensachen und gingen zurück nach Deutschland – ein paar Wochen, bevor der polnische Traum in einer kalten Winternacht zu Ende ging.

Die Behörden hatten ihre Vorbereitungen planmäßig abgeschlossen. Die Verhaftungslisten waren komplett. Die Milizeinheiten, die die Gewerkschafter in die Gefängnisse bringen sollten, standen in Alarmbereitschaft. Die Pläne für die Unterbrechung des Eisenbahn-, des Straßen-, Flug-, Telefon- und Fernschreibverkehrs zwischen den einzelnen polnischen Städten lagen vor. Die Mitglieder der Solidarität sollten keine Möglichkeit haben, sich untereinander zu verständigen und etwa konzertierte Gegenaktionen zu starten.
Sonntagmorgen, 13. Dezember, war ein geschickt gewählter Termin. Polen, tagsüber mit Weihnachtsvorbereitungen völlig ausgelastet, lag in einem unruhigen Schlummer. Wochenende. Vorweihnachtsstimmung. Als die Menschen am Sonntagmorgen zur Kirche gingen, gab es die Gewerkschaft nicht mehr. Vor den Büros der Solidarność standen vermummte Soldaten. Sie hatten kleine Kohleöfen gegen die Winterkälte mitgebracht. Sie froren und wußten ebensowenig wie die Bürger, die vergeblich von ihnen zu erfragen suchten, was denn über Nacht in ihrem Land passiert war.
Leszek, der noch in der Nacht mit einem Hubschrauber nach Warschau geflogen worden war, saß in Arrest. Er hatte sich geweigert, eine Erklärung zu unterzeichnen, die das Kriegsrecht billigte.
Er kam in Luxushaft, in verschiedene Gästehäuser der Regierung, weitab von den Blicken und Fragen neugieriger Journalisten. Für elf Monate war Leszek unerreichbar.
Am Anfang konnte ich nicht einmal mit Danuta telefonieren. Dann quäkte mir aus dem Hörer ein Tonband entgegen: „Rozmowa kontrolowana – abgehörtes Gespräch." Ich weiß nicht, ob alle diese Gesprä-

che abgehört wurden, aber die Drohung schien real genug – vernünftige Gespräche waren so nicht mehr möglich. Was ich erfuhr:

- Er wird nicht unter Drogen gesetzt.
- Es geht ihm den Umständen entsprechend gut.
- Das Kind wird schon Ende Januar kommen.
- Er spielt Fußball mit den Bewachern.
- Ich werde ihn besuchen dürfen.
- Wann er entlassen wird, weiß kein Mensch.

Wie ein paar tausend anderen Bürgern Polens wurde auch Wałęsa bei der Verhaftung ein hektographiertes juristisches Dokument präsentiert:

> Zentralstelle der Volksmiliz von Gdansk.
> 56 L. DZ. G. D. H. 182
> Angesichts der Tatsache, daß es die Sicherheit des Staates und die öffentliche Ordnung (...) gefährden würde,
> den Bürger Wałęsa, Lech
> Elektromechaniker
> Lenin-Werft
> in Freiheit zu belassen, wird beschlossen, den Bürger Wałęsa, Lech, zu internieren und ihn in ein Isolationszentrum zu verlegen.

Am 27. Januar 1982 wurde Maria Viktoria Wałęsa geboren. Lech Wałęsa mußte lange warten, bis er seine jüngste Tochter sehen konnte.

Am 14. November 1982 wurde Lech Wałęsa entlassen. Die Behörden hielten ihn für ungefährlich. Doch Leszek blieb weiterhin ein Mann, den zu unterschätzen politischen Ärger bedeuten kann. Seine Organisation, die Solidarität, ist aufgelöst. Aber in Polen und auch im Ausland hat man ihn nicht so schnell vergessen, wie die offizielle polnische Propagandamaschinerie sich erhoffte.

Wałęsa sei ein Spatz, der sich für einen Adler halte, erklärte die Parteizeitung Trybuna Ludu im Mai 1983. Wer westliche Rundfunksender höre, müsse glauben, es gebe „keine wichtigeren Themen als die höchst unbedeutenden Tatsachen aus dem täglichen Leben eines gewissen Danziger Elektrikers (...) Offensichtlich will Wałęsa nicht zugeben, daß er die Primadonna einer Spielzeit war, und zwar der Spielzeit in einem Marionettentheater."

Inzwischen habe ich mit Lech Wałęsa wieder Telefonate geführt. Manche etwas trauriger, andere jedoch wieder in der alten Fröhlichkeit. Manchmal wirkte er bedrückt und dachte, die Welt hätte ihn oder – noch viel wichtiger – seine Ziele schließlich vergessen.
Am 29. September 1983 war er fröhlich. Er wurde vierzig, feierte mit Freunden:
„Wir haben endlich einmal nicht über die Solidarität geredet, und das ist gut so. Vor dem Haus stehen ganz viele Gratulanten; mein Gott, wir werden alt! Die nächste Null hängt hinter einer 5. Meld' dich wieder, ich hab' jetzt was zu feiern."
Daß ich mich so schnell wieder melden würde, haben wir beide nicht geahnt.

Am 5. Oktober 1983 wurde die Vergabe des Friedensnobelpreises an Lech Wałęsa verkündet. In der Begründung des Osloer Komitees heißt es:
„Lech Wałęsas Aktivitäten waren durch die Entschlossenheit gekennzeichnet, die Probleme seines Landes durch Verhandlungen und Zusammenarbeit ohne Gewalt zu lösen. Er hat den Dialog zwischen der ‚Solidarität' und den Behörden ermöglicht. Das Komitee betrachtet Wałęsa als einen Exponenten der aktiven Sehnsucht nach Frieden und Freiheit, die trotz ungleicher Verhältnisse bei allen Menschen in der Welt unbesiegt bestehen bleibt. Das Komitee hat bei verschiedenen Gelegenheiten der Preisvergabe unterstrichen, daß eine Kampagne für die Menschenrechte gleichzeitig eine Kampagne für den Frieden ist."
In Warschauer Regierungskreisen sah man das anders. Der Preis habe einmal einen hohen Wert gehabt, sagte ein Regierungssprecher. Die Verleihung an Wałęsa werte ihn jedoch ab, denn sie sei politisch motiviert. Allerdings fügte er gleich hinzu, dies sei nur seine Privatmeinung und keineswegs eine offizielle Stellungnahme. Und hinter vorgehaltener Hand meinte ein anderer Regierungsvertreter grinsend und nicht ohne Schadenfreude: „Die offizielle Linie liegt noch nicht fest. Die Propagandaabteilung des Zentralkomitees muß im Moment ein Tollhaus sein."
Kein Wunder, die armen Kerle hatten ja wirklich eine schwere Aufgabe. Wie erklärt man den Polen, daß die Symbolfigur der größten Massenbewegung in der Geschichte des Landes, daß der „Privatmann Wałęsa ohne Anhänger" die wichtigste internationale Auszeichnung

erhalten hat, die man heute für politische Bemühungen erringen kann?
Die Propagandaspezialisten hätten sich die Köpfe nicht so zu zerbrechen brauchen. In Polen glaubt ihnen sowieso kein Mensch. Die Bürger des Landes zwischen Oder und Bug wußten selbst sehr gut, was sie von der Entscheidung in Oslo zu halten hatten. Eine Mischung aus Stolz und diebischer Freude erfüllte die meisten von ihnen. „Denen da oben haben sie es aber gezeigt", meinte einer auf der Straße und drückte damit aus, was viele empfanden.
Lech Wałęsa selbst, von Journalisten des Deutschen Fernsehens im Wald aufgespürt, wo er angeblich Pilze sammeln wollte, wußte nicht, was er sagen sollte. Dem Mann, der bei so vielen Gelegenheiten Tausende von Menschen mit seinem rhetorischen Talent begeistert hatte, fehlten die Worte. Doch zurück in Danzig, in seiner gewohnten Umgebung, hatte er sich wieder gefaßt: „Dies ist kein Preis nur für mich. Dies ist ein Preis für alle Polen und für alle arbeitenden Menschen auf der Welt", sagte er mir am Telefon. Und da wir uns gut kennen, weiß ich, wie ernst er dies meint. Leszek ist sich der Tatsache bewußt, daß er den Preis stellvertretend für das bekommen hat, was er repräsentiert: die erste unblutige Revolutionsbewegung in der Geschichte Europas. Natürlich ist er stolz – wer wäre das nicht?
„Das ist der Lohn für unsere Arbeit. Was das für Polen bewirkt? Glaubst du, das könnte ich dir am Telefon sagen, wo der Geheimdienst mithört? Komm her, dann erklär' ich's dir. Und: Halt' die Ohren steif, ich muß weg, ich bin schrecklich beschäftigt." Klick, das war's.
Ich sitze da und habe einen Kloß im Hals. Ich kann nicht hinkommen und es mir erklären lassen. Für das Land, das für fünf wichtige Jahre meine Heimat war, geben mir die polnischen Behörden kein Visum. Ich bin ein antisozialistisches Element, sagen sie. Na ja, vielleicht haben sie damit gar nicht so unrecht.
Einem amerikanischen Reporter von Newsweek ist es gelungen, ein Gespräch mit Leszek zu führen. Er antwortete klug wie immer, wenn jemand versucht, ein politisches Interview mit ihm zu haben:
„Ich glaube, das Nobelpreiskomitee hat mich verstanden. Ich wollte niemals mit anderen als mit friedlichen Mitteln kämpfen. Das sind meine Ideale. Das Komitee muß mich kennen, muß wohl wissen, was ich will. Wir haben immer gesagt, wir kämpfen nur mit friedlichen Mitteln. Das dauert zwar länger, ist aber viel wirkungsvoller. Wir können lesen und schreiben, und wir wissen, was wir bewirken

können – was und wie und wieviel. Und wir wissen: Das 21. Jahrhundert wird ein Jahrhundert des friedlichen Kampfes werden. Und zwar deshalb, weil so viele Mittel und Wege für den Krieg vorbereitet sind."
Damals, auf der Werft in jenem Sommer 1980, hat er mir dasselbe mit anderen Worten gesagt:
„Wenn sie versuchen, hier hereinzukommen, um den Streik aufzulösen, dann werden wir überhaupt nichts unternehmen. Wir kämpfen nicht, wir schlagen uns nicht. Wir werden uns ganz einfach hinsetzen und uns still verhalten. Dann können sie kommen und uns abtransportieren, alle sechzehntausend Mann, einen nach dem anderen, wie die Hühner ..."

Im Westen sind Formen des gewaltlosen Widerstands durch Gandhi bekannt. Ich glaube zwar, daß Leszek seinen Namen kennt. Daß er jedoch weiß, was Gandhi wollte, glaube ich nicht. Auf seine Ideen von „der gewaltlosen Veränderung der Gesellschaft durch Sturheit" ist Wałęsa ganz allein gekommen.
Und genau dafür hat Lech Wałęsa, der Mann aus der Arbeiterklasse, ohne besondere Schulbildung und Hintergrund, „der Privatmann ohne nennenswerte Anhängerschaft" den Friedensnobelpreis erhalten.

Chronologie der Ereignisse

18. 7. 80 Streik in Lublin

Alle städtischen Verkehrsbetriebe, Auslieferfirmen und das Elektrizitätswerk streiken. Nur Krankenhäuser, Kindergärten und Krippen werden versorgt.

Die Forderungen: Lohnerhöhungen, Betriebsratsneuwahlen, Familienzulagen wie für Angehörige der Miliz und Armee.

19. 7. 80 Das Parteiorgan Trybuna Ludu mahnt zur Arbeitsdisziplin.

Das Politbüro weist darauf hin, daß Arbeitsunterbrechungen bei den befreundeten Nationen Polens Beunruhigung hervorrufen.

Der Generalstreik in Lublin wird nach Erfüllung der Forderung beendet.

21. 7. 80 Die Streikwelle in anderen Städten geht weiter.

24. 7. 80 Streiks werden aus Breslau, Ostrów, Lubartów, Chełm und Stalowa Wola gemeldet.

4. 8. 80 Streiks in Gdynia, im Hafen von Danzig, in Kielce und Ursus.

6. 8. 80 Die Streikwelle erreicht Posen.

8. 8. 80 Streik bei der Warschauer Müllabfuhr und im öffentlichen Nahverkehr der Hauptstadt.

12. 8. 80 Pressekonferenz des ZK-Sekretärs für Propaganda, Jerzy Łukaszewicz: Die Streiks werden zwar zugegeben, doch auf mangelndes Klassenbewußtsein zurückgeführt. Bisher insgesamt bewilligte Lohnerhöhungen von 3,5 Milliarden Złoty, ca. 2,1 Millionen DM.

14. 8. 80 Auf der Lenin-Werft beginnt der Streik; zunächst mit einem Protest gegen die Entlassung der Kranführerin Anna Wałęntynowicz.

Forderungen: Wiedereinstellung von entlassenen Mitarbeitern der Freien Gewerkschaften. Lohnerhöhungen von 2000 Złoty monatlich. Angleichung der Familienzuschläge an die für Miliz- und Armeeangehörige. Höhere Renten. Errichtung eines Denkmals für die Opfer der Danziger Unruhen von 1970.

Streik in Łódź.
Die Telefonverbindungen nach Danzig werden blokkiert.
In Warschau feiern rund 4000 Menschen den 60. Jahrestag des polnischen Sieges über die Sowjetarmee, das „Wunder an der Weichsel".

15. 8. 80 Besetzungsstreik auf der Lenin-Werft.
Lech Wałęsa springt über den Zaun und gelangt aufs Werftgelände.
Bildung von Ordnungsgruppen und Streikposten auf der Werft.
Forderung nach Anerkennung Freier Gewerkschaften.
Die Menschenmenge vor dem Eingangstor 2 der Werft wächst. Private Lebensmittelversorgung für die Streikenden läuft an.
Die Arbeiter fordern ein Gespräch mit Ministerpräsident Edward Babiuch.
‚Solidaritäts'streik im Danziger Nahverkehr
Streik auf der Nord-Werft
Streik auf der Reparatur-Werft
In Warschau Sondersitzung des Politbüros
Gierek bricht seinen Urlaub auf der Krim ab.
Am Abend sagt die Werft-Direktion die Erfüllung folgender Forderungen zu: Errichtung eines Denkmals, Wiedereinstellung von Wałęsa und Walentynowicz, Veröffentlichung der Forderungen der Arbeiter sowie Straffreiheit für die Streikenden.
Fernsehansprache des Ministerpräsidenten Edward Babiuch. Er verspricht: Einfrierung der Fleischpreise bis Herbst 1981, scharfe Preiskontrolle und Wirtschaftsreformen.

16. 8. 80 Praktisch alle Betriebe in Danzig haben sich dem Ausstand angeschlossen.
Arbeitsniederlegungen weiten sich auf Gdynia aus.
An den Zufahrtsstraßen nach Danzig werden Miliz-Kontrollen eingerichtet.
Blockierung der Telefonverbindungen nach Danzig dauert an.
Vormittags wird in Warschau offiziell bekanntgegeben,

daß der Streik auf der Lenin-Werft beendet sei. Nachmittags folgt ein Dementi.

Warschauer Parteidelegation reist nach Danzig.

17. 8. 80 Mindestens 50000 Arbeiter der Dreistadt Danzig/Gdynia/Zopot streiken.

Alkoholverbot. Die Dreistadt „trocken".

Trotz Erfüllung ihrer Forderungen wollen die Arbeiter der Lenin-Werft aus Solidarität mit den anderen Betrieben weiterstreiken.

Gründung des überbetrieblichen Streikkomitees mit 23 Belegschaftsvertretern aus den verschiedensten Unternehmen. Der Vorsitzende des Streikkomitees der Lenin-Werft, Lech Wałęsa, übernimmt auch den Vorsitz der überbetrieblichen Vereinigung.

18. 8. 80 Die Parteikommission nimmt Gespräche in Danzig auf, jedoch nur mit lokalen Partei- und Regierungsbehörden. Mit dem überbetrieblichen Streikkomitee wird nicht verhandelt.

Vor allen Betrieben sind Streikposten aufgezogen.

Hubschrauber kreisen über der Werft und werfen Propagandaflugblätter der Regierung ab.

Das überbetriebliche Streikkomitee ist auf 59 Mitglieder angewachsen. Der Forderungskatalog wird von 16 auf 21 Punkte ausgedehnt.

In Stettin kommt es zu ersten Arbeitsniederlegungen.

Erste internationale Solidaritätsadressen treffen ein: vom Internationalen Metall-Gewerkschaftsbund sowie drei großen italienischen Gewerkschaften.

Der geplante Besuch Giereks in der Bundesrepublik wird auf unbestimmte Zeit verschoben.

Das internationale Schlagerfestival von Zopot wird abgesagt.

Erste Schwierigkeiten mit der Benzinversorgung. Auch Lebensmittel werden in Danzig immer knapper.

Die Ladungen der Schiffe, die in Danzig oder Gdynia liegen, werden nicht mehr gelöscht.

In Warschau tagt das Politbüro.

Fernsehansprache des Parteivorsitzenden und ersten Sekretärs, Edward Gierek. Er appelliert an alle Polen, gemeinsam nach einem Ausweg aus der Krise zu suchen. Er gibt Fehler in Wirtschaft und Verwaltung zu und verspricht folgende Maßnahmen: Lohnerhöhungen für alle, Einfrierung der Fleischpreise bis Herbst 1981, Erhöhung der Kinderzuschläge und verstärkte Kontrolle der Verbraucherpreise.

19. 8. 80 In Stettin hat sich der Streik auf zwei Werften und den Hafen ausgeweitet.

In Elbląg streiken Industrie und Nahverkehr.

In der Dreistadt arbeiten nur noch die Betriebe, die für die Grundversorgung der Bevölkerung zuständig sind.

Das überbetriebliche Streikkomitee vertritt inzwischen 108 Betriebe der Region.

Staatspräsident Henryk Jabłoński und Stanisław Kania, ZK-Sekretär für Sicherheitsfragen, kommen nach Danzig.

Tadeusz Fiszbach, der Parteisekretär von Danzig, warnt vor antisozialistischen Kräften.

In Warschau wird offiziell versichert, daß keinerlei gewaltsame Aktionen gegen die Streikenden geplant sind.

Angeblich werden um Danzig Milizeinheiten zusammengezogen.

20. 8. 80 Das überbetriebliche Streikkomitee umfaßt inzwischen 260 Betriebe.

Das Danziger Lokalfernsehen ruft Betriebsvertreter zu Kontakten mit der Regierungskommission auf. Angeblich sollen 47 Delegationen diesem Aufruf gefolgt sein.

In Danzig werden die Schulen geschlossen.

Die Polnische Presse Agentur dementiert Berichte über ein Eingreifen sowjetischer Truppen in Danzig.

Alle Betriebe in Stettin streiken.

Das Stettiner überbetriebliche Streikkomitee tritt mit 37 Mitgliedern zusammen.

In Warschau werden 18 führende Oppositionelle festgenommen.

Der Primas von Polen, Kardinal Wyszyński, fordert das Recht der freien Rede und die Anerkennung der moralischen, religiösen, kulturellen und wirtschaftlichen Bedürfnisse der Polen.

Johannes Paul II. bittet bei einer Generalaudienz um die Hilfe und den Schutz Gottes für Polen.

21. 8. 80 Das polnische Fernsehen und PAP verbreiten in Auszügen die Rede des Primas von Polen. Es erscheinen nur die Aufrufe zur ehrlichen Arbeit; die Hinweise auf Redefreiheit fehlen ebenso wie die Aussage, daß sich die Arbeiter für die Rechte der Nation einsetzen.

Vor der Werft wird ein Holzkreuz errichtet.

304 Betriebe sind jetzt im Streikkomitee, 200000 Arbeiter in der Danziger Region befinden sich im Ausstand.

Mieczysław Jagielski wird neuer Leiter der Regierungskommission.

Kazimierz Barcikowski wird Leiter der Verhandlungsdelegation der Regierung in Stettin.

64 führende polnische Intellektuelle rufen zu Verhandlungen mit dem Streikkomitee auf.

22. 8. 80 Trybuna Ludu lehnt in einem Artikel die Forderungen nach Freien Gewerkschaften kategorisch ab.

In Danzig werden die ersten Hamsterkäufe beobachtet.

Das Schlagerfestival in Zopot findet statt.

Auftritt des Personalchefs der Lenin-Werft vor dem Streikkomitee: Nur Gierek oder Wojtyła könnten das Land vor dem Chaos retten.

Streikende erklären ihre Solidarität mit festgenommenen Bürgerrechtlern.

Zwei Bürgerrechtler werden wieder freigelassen.

Es kommt zu ersten Kontakten zwischen Regierung und überbetrieblichem Streikkomitee in Stettin.

23. 8. 80 Vormittags erscheint der Danziger Wojewode auf der Werft. Abklärung der Verhandlungspositionen.

Erste Verhandlungen mit Jagielski. Gespräche dauern bis in die Nacht. Jagielski erläutert die Standpunkte der Regierung, Wałęsa fordert vor weiteren Gesprächen Aufhebung der Telefonblockade.

Noch 18 Dissidenten in Haft.

Der Papst sendet an die polnischen Bischöfe einen Brief, in dem er seine moralische Unterstützung ausdrückt.

Deutsche Reiseunternehmen senden Sonderzüge, um Touristen aus Polen abzuholen.

24. 8. 80 380 Betriebe im Streikkomitee
Jagielski fliegt nach den Verhandlungen zu einer Sondersitzung des ZK nach Warschau.
Gierek übt in einer Fernsehansprache Selbstkritik. Wałęsa: Das Streikkomitee sei an einem Personenkarussell nicht interessiert. Freie Gewerkschaften sei die Forderung!
Babiuch und vier andere führende Kommunisten werden gestürzt. Neuer Ministerpräsident wird Józef Pinkowski.

25. 8. 80 In der Partei werden erste Überlegungen angestellt, das Streikrecht formal in die Gewerkschaftsgesetzgebung aufzunehmen.
Juristische Berater des Streikkomitees arbeiten Gründungsvorschläge für Freie Gewerkschaften aus.
Die Telefonblockade wird aufgehoben.
Der neue Finanzminister Krzak nennt erstmals offiziell die West-Verschuldung der Volksrepublik Polen: 20 Milliarden US-Dollar.

26. 8. 80 Polnische Zeitungen appellieren: Beendet den Streik!
Auf einer Sondersitzung des Zentralrats der (alten) Gewerkschaften wird scharfe Selbstkritik geübt.
Die Gespräche in Danzig werden wieder aufgenommen. Jagielski sagt das Streikrecht zu.
Kardinal Wyszyński ruft in Tschenstochau zur Ruhe auf.
Streiks in Breslau und Łódź

27. 8. 80 Ein neues Gewerkschaftsgesetz, das auch das Streikrecht vorsieht, wird angekündigt. Der Chef der alten Gewerkschaften wird abgelöst.
Trybuna Ludu warnt vor einer nationalen Katastrophe.
Die Predigt des Kardinals wird im polnischen Fernsehen übertragen.

28. 8. 80 In einem Hirtenbrief ergreifen die polnischen Bischöfe Partei für die Streikenden.

29. 8. 80 In Zeitungskommentaren wird auf antisozialistische Elemente und die Bedenken der Verbündeten hingewiesen.
Bei den Verhandlungen in Danzig zeichnet sich Kompromißbereitschaft ab. Die Experten des Streikkomitees erkennen die führende Rolle der Partei und Polens Bündnistreue an.

30. 8. 80 Paraphierung der Abkommen von Danzig und Stettin.
Die „freien“ werden in „unabhängige und selbstverwaltete“ Gewerkschaften umbenannt.
ZK-Sitzung in Warschau. Die Verhandlungsergebnisse werden gebilligt.
Abkommen von Stettin unterzeichnet.
Wałęsa fordert die Freilassung der verhafteten Dissidenten.
In Oberschlesien beginnt der Streik der Bergarbeiter.

31. 8. 80 Die Unterzeichnung der Verträge von Danzig und Stettin wird im Fernsehen übertragen.

1. 9. 80 Wiederaufnahme der Arbeit im ganzen Land.
Die inhaftierten Bürgerrechtler werden freigelassen.
In Oberschlesien Entscheidung, doch weiterzustreiken.

2. 9. 80 Streiks in Oberschlesien weiten sich aus.

3. 9. 80 Abkommen von Jastrzębie wird unterschrieben. Streiks in den Bergwerken beendet.
Ministerpräsident Pińkowski: Alle drei Abkommen gelten für ganz Polen.

4. 9. 80 Moskau sagt Polen Devisenkredit zu.
Westliche Länder überlegen Hilfsmöglichkeiten für Polen.
Einzelstreiks in Bergwerken (Bytom)
Gegen den Chef des polnischen Fernsehens wird eine Untersuchung wegen Korruption eingeleitet.

5. 9. 80 Im Sejm, dem polnischen Parlament, akzeptieren die Abgeordneten das Wirtschaftsprogramm der Regierung sowie die Streikvereinbarungen und die personellen Veränderungen in der Regierung. Gierek nimmt aus Krankheitsgründen an der Sitzung nicht teil.

6. 9. 80 Edward Gierek wird gestürzt. Neuer Parteichef ist Stanisław Kania.

7. 9. 80 Die Antrittsrede Kanias wird veröffentlicht. Er fordert mehr Demokratie, Reformen von Wirtschaft, Partei und Gewerkschaft und die Einhaltung des Gesellschaftsvertrages von Danzig.

8. 9. 80 In verschiedenen Gegenden des Landes wird immer noch gestreikt. Die Arbeiter fürchten, nicht in den Genuß der Erfolge von Danzig und Stettin zu kommen.

9. 9. 80	Kania besucht die Streikzentren Danzig und Katowice.
10. 9. 80	Jagielski bemüht sich in Moskau um mehr Wirtschaftshilfe. Überall im Lande entstehen Unterorganisationen der „Solidarność“.
16. 9. 80	In Kielce wird immer noch gestreikt.
19. 9. 80	In Oberschlesien streiken die öffentlichen Verkehrsmittel.
20. 9. 80	Die Streiks in Oberschlesien werden durch Lohnerhöhungen beendet.
21. 9. 80	Zum ersten Mal seit den 50er Jahren wird wieder eine Messe im Rundfunk übertragen.
24. 9. 80	Wałęsa ruft zur Beendigung der wilden Streiks auf. In Warschau wird der Registrierungsantrag für „Solidarność“ gestellt.
28. 9. 80	Ein Warnstreik wegen nicht eingehaltener Lohnerhöhungen wird angekündigt.
3. 10. 80	Im ganzen Land treten die Arbeiter in einen einstündigen Warnstreik. Das Fernsehen berichtet ausführlich.
4. 10. 80	2. Teil des 6. Plenums des ZK: Scharfe Kritik an der Gierek-Administration. 6 führende Funktionäre aus dem ZK entfernt. Wirtschaftsreformen werden beschlossen.
8. 10. 80	Die katastrophale Wirtschaftslage wird offen vor dem Parlament dargelegt.
10. 10. 80	Kania in Stettin.
14. 10. 80	Zentralrat der alten Gewerkschaften ist praktisch aufgelöst, da alle Einzelgewerkschaften ausgetreten sind. Sie nennen sich nun „unabhängige, selbstverwaltete Branchengewerkschaften“ und treten in Konkurrenz zu „Solidarność“.
16. 10. 80	Wałęsa nimmt an einer Sitzung der Sejmkommission für ein neues Gewerkschaftsgesetz teil.
23. 10. 80	Streik im Traktorenwerk Ursus von Wałęsa geschlichtet.
24. 10. 80	Gerichtsverhandlung über Registrierung. ‚Solidarność‘ wird registriert – aber nur mit vom Gericht geänderten Statuten (führende Rolle der Partei).
25. 10. 80	Die DDR kündigt zusätzliche Warenlieferungen für Polen an.
26. 10. 80	‚Solidarność‘ protestiert gegen die einseitige Statutenänderung.

28. 10. 80	‚Solidarność' droht mit Generalstreik, wenn das Oberste Gericht die Statutenänderung nicht zurücknimmt.
29. 10. 80	Kania reist nach Moskau. Gericht lehnt Registrierung der Bauerngewerkschaft ab. Freier Reiseverkehr mit der DDR wird aufgehoben.
30. 10. 80	Kania und Pińkowski aus Moskau zurück. In Kommentaren wird Polens Bündnistreue betont.
31. 10. 80	Delegation von ‚Solidarność' trifft sich mit Pińkowski.
6. 11. 80	Kania: ‚Solidarność' muß sich eindeutig zum Sozialismus bekennen.
8. 11. 80	Das polnische Fernsehen zeigt Bilder von gemeinsamen Manövern der sowjetischen und der polnischen Armee in Polen.
9. 11. 80	Polen weist westliche Journalisten an der Grenze ab.
10. 11. 80	Oberster Gerichtshof kassiert die Statutenänderung über die „führende Rolle der Partei". Neuer Generalstreik wird so vermieden.
11. 11. 80	‚Solidarność', Regierung und Politbüro begrüßen Gerichtsentscheid. Wyszyński übermittelt den Segen des Papstes an ‚Solidarność'.
15. 11. 80	Wałęsa trifft sich mit Kania.
18. 11. 80	Parteisekretäre von Warschau und Łódź werden ausgewechselt. Damit haben 14 von 49 alten Wojewodschaftschefs ihr Amt verloren.
21. 11. 80	Zwei Mitarbeiter von ‚Solidarność' werden wegen Veröffentlichung eines dienstlichen Schreibens des Generalstaatsanwaltes festgenommen. ‚Neues Deutschland' greift Wałęsa scharf an.
22. 11. 80	Reisebeschränkungen zwischen Polen und der CSSR werden eingeführt.
24. 11. 80	Streiks bei Ursus und Fiat wegen Verhaftung der ‚Solidarność'-Mitarbeiter Streik der Eisenbahner wegen Lohnerhöhungen
25. 11. 80	Die sowjetische Nachrichtenagentur TASS warnt vor Störungen der Transitlinie durch den Eisenbahnerstreik. Bergwerke in Oberschlesien streiken wegen Lohnerhöhungen. Streikdrohung in Warschau wird schärfer. ‚Soli-

darität' fordert Überprüfung der Arbeit des Sicherheitsdienstes.
Kania warnt vor Anarchie.

27. 11. 80 Die verhafteten ‚Solidaritäts'-Mitglieder werden freigelassen.
Der geplante Generalstreik wird abgesagt.
Streik im Warschauer Stahlwerk geht weiter.
Wałęsa schlichtet diesen Streik in einer Nachtsitzung.
Studenten beginnen einen Besetzungsstreik an der Warschauer Universität, der später ohne konkrete Ergebnisse abgebrochen wird.

28. 11. 80 Alle Arbeitskämpfe in Warschau sind beigelegt.

1. 12. 80 Plenum des ZK
DDR Zeitungen zitieren kritische Stimmen zu Polen.

2. 12. 80 Polnische Offiziere drohen angeblich mit Widerstand für den Fall eines Einmarsches von DDR-Truppen.
Hohe amerikanische Regierungsbeamte warnen vor Folgen einer sowjetischen Intervention.

5. 12. 80 Kania zu Gipfelkonferenz in Moskau.

9. 12. 80 Sabotageakte werden aus einem oberschlesischen Bergwerk gemeldet.

10. 12. 80 ‚Solidarność' gründet ein „Komitee zur Verteidigung politischer Häftlinge".

11. 12. 80 SED drückt ihre Sorge über die Entwicklung in Polen aus.

12. 12. 80 Die NATO warnt vor einer Intervention in Polen.

16. 12. 80 Im Beisein von Staatspräsident Jabłoński und hohen katholischen Würdenträgern weiht Wałęsa das Denkmal für die Opfer von Danzig ein.

20. 12. 80 Kania legt am Denkmal Blumen nieder.

30. 12. 80 Die Gerichtsentscheidung über die Land‚solidarität' wird ohne Entscheidung vertagt.

10. 1. 81 Die Auseinandersetzung um die 5-Tage-Woche verschärft sich. 65% aller Arbeiter bleiben am ersten nicht arbeitsfreien Samstag im neuen Jahr den Fabriken fern.

15. 1. 81 Wałęsa wird vom Papst empfangen.

24. 1. 81 Kampf um die Einführung der 5-Tage-Woche spitzt sich zu.

19. 3. 81 Blutige Zusammenstöße zwischen Gewerkschaftern und Miliz in Bydgoszcz.

14. 4. 81	Die sowjetische und die tschechische Presse warnen vor „Gefahren für das sozialistische Polen".
9. 5. 81	Wałęsa besucht mit einer Solidaritätsdelegation Japan.
21. 5. 81	Wałęsa in Schweden. Verleihung eines Preises der sozialdemokratischen Zeitung „Arbetet".
28. 5. 81	In Warschau stirbt der Primas der katholischen Kirche Polens, Stefan Kardinal Wyszyński.
1. 6. 81	Wałęsa spricht in Genf vor der Jahrestagung der Internationalen Arbeitsorganisation (ILO).
27. 7. 81	Erste Demonstrationen in verschiedenen polnischen Städten gegen die immer schlechtere Versorgungslage.
18. 8. 81	Stanisław Wałęsa, Onkel und Stiefvater von Lech Wałęsa, stirbt in den Vereinigten Staaten.
5. 9. bis 9. 9. 81	1. Solidaritätskongreß in Danzig
26. 9. bis 7. 10. 81	Lech Wałęsa wird von den Landesdelegierten zum 1. Vorsitzenden gewählt.
23. 9. 81	Das Komitee zur gesellschaftlichen Selbstverteidigung, KOR, löst sich selbst auf.
14. 10. 81	Wałęsa reist mit einer Solidaritätsdelegation nach Frankreich.
18. 10. 81	Parteichef Kania tritt zurück. Sein Nachfolger wird General Jaruzelski, der aber ebenfalls Ministerpräsident und Verteidigungsminister bleibt.
Nov. 81	Sondereinheiten werden überall im Lande „zur Unterstützung der Bevölkerung" eingesetzt.
11. bis 12. 12. 81	In Danzig tagt die Landeskommission der Solidarität.
13. 12. 81	Verhängung des Kriegsrechts über Polen. Ein „Militärrat zur nationalen Rettung" übernimmt die Macht. Tausende werden in dieser Nacht interniert. Wałęsa und andere führende Gewerkschafter werden festgenommen.
28. 12. 81	Das amerikanische Nachrichtenmagazin „Time" erklärt Wałęsa zum Mann des Jahres.
Januar 82	Preissteigerungen bis zu 400% werden durchgedrückt. Im ganzen Land kommt es zu Unruhen.

Die Solidarität versucht sich im Untergrund neu zu organisieren.
Wałęsa bleibt in Internierungshaft.

14. 11. 82 Nach 11 Monaten Internierungshaft wird Lech Wałęsa freigelassen.

19. 12. 82 Das Kriegsrecht wird ausgesetzt. Viele Internierte werden freigelassen.

Januar 83 Wałęsa kehrt als Elektriker auf die Lenin-Werft zurück.

16. 6. 83 Papst Johannes Paul II. besucht Polen.

23. 6. 83 Wałęsa trifft den Heiligen Vater im Kloster Tschenstochau.

5. 10. 83 In Oslo wird die Verleihung des Friedensnobelpreises an Lech Wałęsa bekanntgegeben.